U0053480

疫後房託新攻略

房託新時代

房地產是經濟的火車頭，華人自古又深植有土斯有財的觀念，因此房地產一直是一項熱門的投資。商用不動產一般單價較高，流動性較低，使得一般大眾往往不容易投資。REITs金融商品的出現，造福了一般投資大眾能分享商場、辦公樓等房地產所產生的穩定利息與增長機會。對長期投資者而言，房地產是另類投資（Alternative Investment）的投資標的，REITs不論對機構投資者或個人投資者來說，都是投資組合中重要的一環。

2020年的新冠疫情造成金融市場極大震盪，新舊經濟交替下的地產金融出現了革命性的轉變：從產業趨勢來看，傳統REITs標的如商場、酒店、辦公樓受到嚴重衝擊，新經濟下的數據中心、物流中心及實驗室等迅速竄紅；從金流形態來看，電訊塔以及基礎建設等都是在疫情衝擊下具有穩定租約與收益的標的。另外REITs投資也結合了近年興起的ESG投資觀念，像是綠色建築及學生宿舍等也成為機構投資者的新寵。

我認識本書作者多年，他在房地產行業十多年的經驗，以及在REITs領域的專業令我受益良多。Victor畢業於美國麻省理工學院（MIT），擁有電機、管理、政治科學學士以及政治科學碩士。另外持有美國特許金融分析師（CFA）、皇家特許測量師（MRICS）以及英國會計師等專業資格。曾任職摩根士丹利與美國運通，並於房地產投資界頗負盛名的領盛投資管理公司擔任分析師與基金經理長達8年。Victor於2013年創辦了安泓投資，並陸續出版了數本暢銷著作。

如果投資者想要了解現時市況，並抓住未來發展趨勢，一定要好好細讀這本書，誠摯推薦各位一起分享Victor的寶貴知識與經驗，展望在REITs投資裏，能知己知彼，百戰不殆。

史綱
富邦投信董事長

投資組合需要房託

認識Victor，因為以前是「行家」，在專門投資房地產股票和信託的資產管理公司工作。在很多大小型會議、業績發布、項目審查的場合碰面，漸漸更成為好朋友。

Victor自創立安泓投資，在房地產投資的涉獵面更多更廣。不過，房地產信託（REITs），始終是Victor心之所向。

在香港，房地產投資雖然盛行，但大多數散戶始終停留在買樓收租、等升值，或是買賣地產股。引入了十多年的房託，發展仍然遲緩。

隨着香港人口逐漸老化，投資組合內配置能產生長期穩定回報的產品愈加重要，房託正正符合要求：收益相對穩定，分派按守則行事，不同物業類型的選擇，專業管理團隊能優化回報等。更重要的，相對實物，投資者以較少資本仍可獲取地產板塊的回報。

就是在這背景下，Victor多年來出版了多本有關房託投資攻略的書籍。由房託的基本操作、類型、估值方法、稅務安排，以至與一般股票的共通與差異，深入淺出，有助讀者掌握房託的基本面。後來，他的著作更研究海外成熟的房託市場，讓讀者不必再局限在香港比較狹窄的市場。

在新經濟行業炒賣得如火如荼的今天，舊經濟如房地產者確有斯人獨憔悴的感覺。加上疫情令經濟下滑，收益難免有所影響。但是，「磚頭」能長期而穩定地產生收益的特質從沒改變，問題是一眾管理、經營者如何將物業定位，切合社會和經濟發展的需求。Victor今次適時探討疫情下的房託攻略，讓讀者了解業界的應對策略，從而發掘投資方向，裨益不少。

黃志輝
仲量聯行中華區研究部主管

房託發展：
不斷開發新型資產

地產本身是古老行業。周朝的井田制，農民合耕領主的公田，以換取耕種私田的權利，就是等同交租。因此，當 2020 年全球因為肺炎疫情，加速了新舊經濟的交替，地產很自然被歸納到舊經濟一環，今年表現跑輸了不少新經濟股票。尤其是商場和寫字樓這兩個傳統的商用地產類別，都在互聯網新科技下，各自出現了新形態的競爭對手，就更令人思考商用地產的出路。

新舊經濟交替下的地產金融

本書第一章會集中討論房託在疫情催生新舊經濟交替下的估值變化。地產是經濟的載體，發展往往跟隨經濟的整體趨勢。因此，在舊經濟受壓的同時，新經濟相關的商用地產股價亦節節上升。諸如新加坡的吉寶數據中心房託，在 2020 年中一度錄得三成升幅。因此，地產分析員也未能脫俗，必須先分析新舊經濟的競爭形勢，才能準確了解不同資產類別的未來變化。

另外，隨着地產金融發展成熟，像澳洲和歐美的機構投資者近年都有限度將各類基建列入地產板塊之內，變成了定義較為廣泛的「實體資產」板塊。中國和印度的房託法規，更在政策主導下，將部分基建引入，以爭取更多資金發展。

因此，雖然2020年地產板塊表現較弱，但是卻儲蓄了更多的潛力。

林林總總的地產資產類別

第二章會把焦點放在房託間不同的資產類別。商用地產的範圍其實可以畫得很闊，例如，PERE（Private Equity Real Estate）是地產金融的行業組織，每年都會舉辦「奧斯卡」式的頒獎禮。入圍候選「年度公司」的4間基金，都列出了2020年最大的交易，分別涉及寫字樓、住宅、醫藥相產地產和物流企業。而4個候選的「年度交易」則有一單醫藥相關地產、一單物流以及兩單學生

宿舍。這是又一佐證，所謂「商用地產」早已經脫離了寫字樓和商場兩個傳統行業。

物流就是第一代的新興地產，因為租客穩健而且開發周期夠短，所以20年前就開始成為寫字樓和商場以外，第三大的資產類別。過去10年在亞洲，尤其是中國，更加是發展迅速。今時今日我們可以輕易地在零售店舖用合理價錢買到英國的雪藏蘋果批，就是得益於這類現代物流鏈。

學生宿舍亦在兩三年前吸引了機構投資者。美國、英國、澳洲是全球三大的海外留學生市場，又是地產金融業發展得最成熟的市場，自然容易撮合投資者和投資項目。除了2020年的疫情之外，學生宿舍的需求一直非常穩定，拿着父母的錢來讀書的學生一般都是好租客。另外，學生宿舍促進了不同國家之間的年輕人交流，提升了人類整體的發展指數，因此屬於良好的社會責任投資。機構投資者亦因而對學生宿舍有興趣。

至於醫藥相關地產，是在同一項目之中兼有實驗室和辦公大樓。部分大規模的發展，更會有酒店、商場甚至出租住宅配套。這種發展的概念是：因為家居工作以及其他職場相關的資訊科技發展，與其投資單幢寫字樓，機構投資者倒不如投資連同「廠房」的寫字樓。

這些寫字樓可以出租給「廠房」的後勤單位，需求比較有保證。當然，現代經濟體不少產品都是無煙工業，「廠房」就不再是工廈，而是各種科技的創造地。過往時興的錄影廠亦曾有機構投資者大手投資，2020年跑出的則是藥廠，亦是因為實驗室連同寫字樓，對藥廠來說是一站式服務。

各國的房託發展

鑑於房託在亞洲開始壯大，本書第三章會按地區來做分析。香港的房託市場發展較為緩慢，一方面是因為現有的發展商、收租

股、乃至非上市的機構投資者、私募基金和家族辦公室都與之競爭。但另一方面,外國的房託發展也愈來愈多元化。機構投資者看地產,一般在投資初期已經分成兩種心態。第一種會長期持有資產以賺取租金;第二種則會在集結成投資組合之後,再善價沽出。尤其是當市面貨源不多,但是潛在需求巨大的時候,機構投資者就更有誘因,變身成專項的發展商,重複開發這類資產。

當年物流資產壯大,就得益於這個模式。當年冒起得最快的房託或基金經理,營運模式就是一邊服務尋求高回報的開發資金,迅速開發物流倉;一邊則將已完成開發的項目,賣給希望長期收租的投資者。而房託亦屬於這類收租型投資者。

所以,隨着這些新興資產壯大,房託亦有望看到新型資產。尤其是美國、澳洲、新加坡等房託市場,資產類別本來已經很多元化,也許接受這些新資產的速度就會更快。

房託實際操作變得多元化

在本書的結尾一章,我會討論近年幾個逐漸流行的房託投資方法。投資房託最根本的概念,就是盡量分散投資。房託只是持有商用地產的載體,中長期表現必然和當地地產市場掛鈎。而因為每個城市的土地狀況有所不同,地產供應也會有異,所以就算只投資在經濟狀況類似的經濟體,不同城市亦可提供分散投資之效。

相對實體地產,房託的優點是配置容易,而且很適合用於分散投資到其他經濟體。

楊書健
2021年3月

目錄

第二章／房託新資產類別

第一章

房託新估值方式

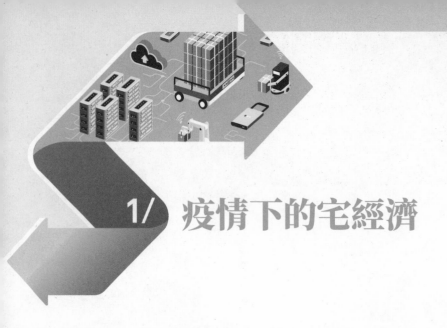

1/ 疫情下的宅經濟

如果說2003年沙士令大眾記得全民戴口罩，那麼2020年新冠肺炎也許就令人記得各國的封關封城。不過尚幸科技發展迅速，電訊科技已經取代了不少日常經濟活動，所以雖然各地經濟在2020年第二季都大幅下滑，但卻逐漸回穩。

封關也封不住的經濟活動

商用地產存在的目的就是承載各式經濟活動，因此當某些活動大規模移師到網上的話，我們最自然要問的，當然是商用地產之後會如何發展。一直以來，寫字樓和商舖都被視為這個板塊最傳統的資產。但在疫情之中，服務新經濟的物流資產和數據中心都跑贏大市。

本書執筆在2020年冬，正值各藥廠都推出了新冠肺炎疫苗的時

候，因為股市往往領先實體經濟，2020年11月舊經濟股票迅速反彈。例如JETS US是集結了美國航空股的ETF，就在11月炒上了3成。

US Global Jets ETF

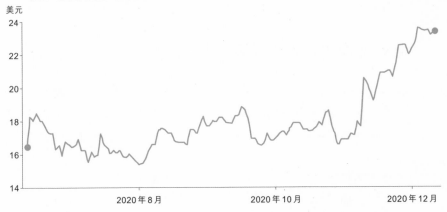

似乎股市認為部分搬了到網上的活動，在疫情緩和之後就會回到實體店。但是每個突發事件都影響社會的集體回憶，會改變整體的生活習慣。例如2003年沙士後，香港人都習慣了有流感就戴口罩。

今次疫情所影響的經濟活動不少，而且斷斷續續持續了差不多1年，真的消散最快都要2021年中，是當年沙士歷時4個月的幾倍。因此今次疫情改變的生活習慣有了更長時間適應，要改回來

未必很容易。例如親自在實體超市購物，每周都總要花一兩個小時。一旦開始網購，省下了一兩個小時。習慣了之後，也許再改回來就很難。

因此，現階段分析房託乃至整體股市，重點是分辨出疫情下的應變措施，有什麼會變成新常態。

居家工作並非始於今天

疫情之初，IBM公布了一項調查，訪問了2.5萬名美國人，有54%希望疫情完結後仍然大部分時間居家工作，另外有75%希望公司有機制讓他們間中在家工作。

世界經濟論壇亦刊發了一篇文章，談到在疫情之前，主要是知識型工種才能居家工作，而當中又以管理層最容易。在2019年，全美有7%的私營企業員工可以在家工作，當中最高薪的10%員工，卻有高達25%可以在家工作。

其實這數字也不意外，最高薪的自然就是管理層或專業職系。例如在家寫專欄文章，沒有人打斷思路，往往寫得更快。管理層不少時間是花在電話和電郵之上，亦沒有地域限制。早在資訊革命之前，管理層就往往需要閉關工作。當年蓋茨每季一次避靜，在度假酒店靜思公司策略。馬丁路德金則每個周二下午謝絕一切會議，閉門回覆郵件，因此管理層不用每天到寫字樓報到，原來才

在疫情前可以居家工作的美國白領佔全體白領的比重

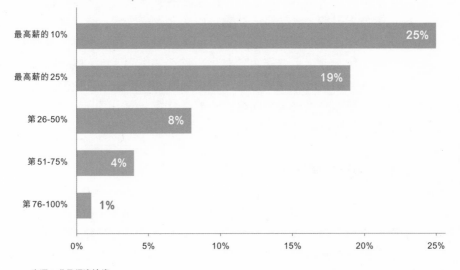

最高薪的 10%	25%
最高薪的 25%	19%
第 26-50%	8%
第 51-75%	4%
第 76-100%	1%

來源：世界經濟論壇

是常態。

突如其來的疫情迫使更多企業和個人落實居家工作，例如有分析師朋友就連續兩三個星期，在社交媒體分享了他所投資的「居家基建」：先是新的WiFi伺服器，然後是可連接電話會議的揚聲器，最後就是優質工作椅。香港在4月實施限聚令之後，連銀行交易部門都要讓交易員可以在家有限度交易。交易系統複雜度高，監管

又嚴，要短短幾日之間將之上網，工程團隊在背後花了很多工夫。

即使疫情緩和，這些新增設備或許也證明了在家工作實際可行。會否讓員工繼續，其實視乎社會工作文化。在香港，員工是否喜歡居家工作往往有兩極反應。如果家裏空間足夠的話，似乎都可以接受居家工作。尤其是疫情當中，將公司分為2組，以一周為單位的「AB Team」輪更制度似乎最受歡迎。但當家裏空間感不足，又不能和同事交流，便會比不上在公司上班。因此，居家工作是否變成工作新常態，將直接取決於每個經濟體的工作文化。

疫情將零售業逐個擊破

疫情之下，大家都減少出行，因此造就了網購增長。在4個成熟的房託市場之中，澳洲和新加坡是有定期公布網上零售佔全國零售的份額。在疫情爆發之初的第二季，兩國的網購都大幅增長。隨後疫情較為穩定，網購份額亦比以前更高。

當然，網購是個很闊的行業，包括了所有的零售。因此，網購進入新市場，一般都是逐個擊破。例如，這本書是我在香港出版的第六本中文書，所以幾年來我都是書展常客。因此，2020年書展兩次延期，我覺得很可惜。不過，疫情一再反覆，人流勢必大減，就算繼續舉行書展，書商只怕會白忙一場。香港書展特點是向民眾開放，其實更似大型促銷市集。因此沒有人流，生意必然大受影響。

網上零售佔全國零售份額

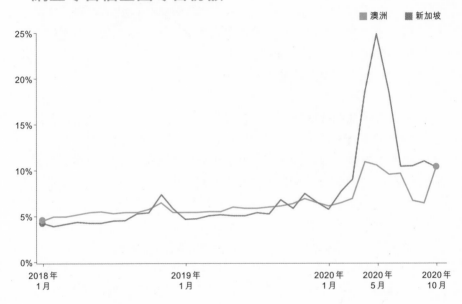

來源：彭博、當地政府數據

自幾年前我開始寫書之後，幾乎每年都會和出版商合作，在書展攤位舉辦活動。過去一兩屆開始都會網上直播，幾日之內觀看次數破萬，遠比現場參加的朋友為多。那時候，出版商亦有提供網上連結，但是折扣較商場現場購書的少，也許讀者們仍有誘因，看完網上的作者書會之後，周末入場購書。

如果出版商的網上連結提供限時「書展特別折扣」，也許就會形成線上線下同時進行的網上書展。實際上，在 2020 年夏天，的確有不少書商和網上平台舉辦虛擬書展。不少在書展完結之後，仍然保留了當時設立的網站。反正維持網店的成本較低，既然設立了，也是個額外賣書的渠道。

談起外國的網購發展，幾乎都會談及書局。雖然不少讀者都喜歡買書前先打書釘，但是他們亦只是希望多了解書籍的內容才買，實際上在網上提供幾頁試讀亦能做到類似效果。另外，在外國書局網絡化的同時，電子書亦開始興起。大部分的成年人書籍都不需要大量插圖，電子化後閱讀並不困難。尤其經過十幾年的進化，電子書閱讀器都很成熟，無論是字型和字體大小，以及畫面顏色都可以自行選擇，容易滿足各類讀者的需要。

書局之外，影音店、玩具店、以及其他的專題零售店在近 10 年都面臨很大的挑戰。部分就算仍能支撐的，例如傳統的西裝名牌 Brooks Brothers，在疫情之下亦要破產。零售店就是商場房託的主要租客。所以零售業如何演化、實體店如何生存，就成了分析商場房託的最大因素。

網上課程興起　足不出戶都可以開會

2020 年中蒙《信報》錯愛，邀請我主講了 2 次、一共 8 堂的網上培訓課程。雖然學費不低，但也吸引了數十位朋友報名。而且因

為是網上培訓，2次都有海外朋友報名，實際上目標觀眾群由香港變成了全球會講廣東話的朋友。

觀乎近幾年網上開咪愈做愈大，而且有評論員開設的Patreon賬戶，在短短一兩個月間，支持金額升至全球第五，證明香港人愈來愈接受付款買網上資訊。這和當年VCD盜版盛行，以致電影業收入大減，至今仍元氣未復，完全不可同日而語。

我亦有幫各行業組織做網上培訓，見證了他們由當初一場講座只有十餘人，到後來變成了一場超過二百人參加，完全超越了疫情之前實體講座所能容納的三幾十人。例如證監執照持牌人或測量師等行業都有要求每年做持續培訓，才能維持專業資格。這些時數或會分開幾個級別，部分只需大致和本業相關，留下出席證明就可計算，是業界鼓勵人才盡量接觸日常工作以外的題目，以提升行業整體的知識水平。

另外一些行業例如私人執業醫生就沒有要求每年的持續培訓，但科技發展迅速，必須持續更新知識，就更歡迎大量的網上培訓。我看過一位醫生的日程，幾乎每天都有網上講座，部分甚至在平日的工作時間舉行。假如剛好那個小時沒有病人，醫生就能上網聽課，不需舟車勞頓，亦大大促進了知識傳播。

網上培訓可以令知識傳播更穩定，能長期提升行業實力。以醫學界為例，我們門外漢一般只會關注「某頑疾終於有藥可治」這類

能上報紙頭條的發展，但其實持續培訓關注的往往是更小的漸變。例如，有研究可能指出改變某個用藥指引可以延長平均壽命3個月，一般人未必有興趣知道，但是盡快在醫生之中推廣，是可以影響了數以千計甚至萬計病人的生活。這種漸變累積下去，久而久之就會反映在整體數據上，這是香港人均壽命全球最長的原因之一。

同樣道理，平常電台電視台的時間珍貴，討論金融都只能簡化成雞精版。而且每天上鏡的財演眾多，大家都希望吸引眼球，所以有誘因集中討論大事件。網上培訓的成本較低，則可容許在每天的即時反應以外，再深入討論課題背後的知識。這類型深入討論，正滿足了由「電視雞精評論」到大學課程之間的空隙。

網上培訓省卻了參與者的交通時間，亦簡化了組織的行政程序。除了首先想到的省卻演講廳租金之外，邀請一位講者到辦公室開咪，總比安排幾十人的會議簡單。這亦是醫學會可以幾乎每天有演講的原因。就算疫情過後，也許周末培訓會回歸實體會議，但這些工作日培訓卻可能長期存在。

酒店房託在疫情之初的確大跌，而且大部分酒店在2020年的業績都未如理想。但是經過了一年的沉澱後，我覺得網上培訓、網上董事會未必可以完全取代以前的實體會議。因此，就算航空和酒店要花兩三年才能回到2019年的需求水平，長遠而言這些行

業的前景仍算樂觀。

新舊經濟各有贏家

居家工作、網購成型，以及網上課程都是疫情下的新發展，而且在疫情後都應該會或多或少變成新常態。但是它們對房託乃至傳統經濟的影響不會一樣，所以在下面兩章我們會詳細討論。

疫情之中，股市變成了3個大板塊：發展迅速、業務受壓以及中立。房託之中亦見到類似的分類。受惠的房託一類如政府相關的資產，擁有長期而穩定的租約；另一類如數據和物流中心則直接服務疫情之下發展迅速的新科技股。

至於商場和酒店等受壓行業的資產，則股價亦受壓。像Simon Property是美國的龍頭商場房託，一度因為股價受壓，股息率升至逾8厘。疫苗消息公布愈來愈多，這些受壓的資產都乘勢反彈。似乎市場認為疫苗推出之後，就算疫情未即時停止，各國亦會重新開關，盡量恢復經濟活動。這個看法的長期目標就是透過疫苗和逐漸建立的群體免疫力，令病毒變成像流感一樣，每年出現，但是大致受控。

經歷完兩三周的反彈潮後，大家的關注尤其落在寫字樓等原來在疫情期間相對中立的板塊。雖然在不少城市，寫字樓的空置率都有所上升，但是相關房託的股價卻未有大幅度炒跌。2020年不

少企業都剎停了擴張計劃，所以空置率上升避免不了。但是就算
經濟增長大幅下滑，似乎企業仍然挺住，因此寫字樓租金和樓價
暫時跌幅不多。

2/ 新經濟下，什麼房託最受惠？

自從七十年代出現個人電腦之後，經過了幾十年的發展，所謂「資訊科技」經已進入了「衣食住行育樂」等所有領域。例如亞馬遜早就變成了「非必須零售股」，直接競爭對手是網上網下的零售商。Facebook、Google 母公司 Alphabet 和 Netflix 等亦在 2018 年歸入了「通訊股」，和迪士尼及電腦遊戲公司，一起競爭消費者的休閒時間和金錢。

Everything is Tech

新科技看似項目繁多，令人眼花繚亂，但是他們的最終目標，仍然是滿足人類最基本的需要。像信用卡公司就有「銀包份額」的概念，每張信用卡的競爭對手不單只是其他信用卡，諸如現金、八達通、以及最新的電子支付都是競爭者。假如不考慮其他競爭者，恐怕就算變成了市民唯一的信用卡，盈利亦不一定會好。

又例如，每天需要工作的人，唯一的娛樂時間就是晚上的黃金時段，所以電視、串流服務、甚至電腦遊戲都在競爭同一堆眼球。一位30歲男子花了3個小時打電玩，自然少了3個小時看電視。假如是周末，也許就連電影也不看，連帶本來在商場吃的晚餐也省下來。所以新科技一旦打進了某個領域，就會變成幾家無論科技還是盈利模式都不一樣的企業競爭，但到最後的需求其實並未改變。因此研究有新科技加入的行業，應有全局觀，明白新舊經濟之間，雖非零和，但存在實際競爭。

這類全局觀並非限於新科技，像十幾年前分析商場房託，我們都會同時關注百貨公司的業務，因為差不多每一個經濟體都曾經歷過商場和百貨公司兩者同時存在的階段。而經濟成長之下，整個經濟體的零售金額亦每年上升，但是流向商場和百貨公司的百分比，卻是每個經濟體和每個經濟發展階段都不一樣。所以就算我們地產基金甚少投資百貨公司股票，亦需對之有基本了解。

準備好的板塊才會代替舊經濟

幾類在疫情之中爆升的股票，其實在背後都經已耕耘了好幾年。以香港為例，港視（01137）的確是靠疫情迅速增長達至收支平衡。但如果他們沒有在之前幾年不停投資軟硬件，根本應付不了新增訂單。另一方面，如非世界各國都證明了網購模式可行，也許亦難以吸引那麼多顧客。

因此，在港視的業績報告書之中，管理層亦認為疫情主要是加快了他們的發展，在2020年就完成了原訂是2021年的目標。當然，像港視一類的管理層不會放過機會，所以2020年下半年港視推出了港視信用卡和一個接一個的購物節，希望留住新增的客戶，在疫情之後繼續使用網購。

同樣道理，Netflix等通訊股2020年受惠於疫情，不過他們過去10年所建立的影片庫才是成功的主因。而接下來的股價表現，在乎於他們能否改變消費者的習慣，在疫情之後仍然使用他們的服務。

又如在歐美，居家工作已經推廣了近10年，因此疫情之下擴展得更快，亦有望在疫情之後變得更普及。相反，網上課程等服務，雖然技術（以及相關企業）在疫情前都經已存在，但卻一直甚少公司採納。我記得早至上次金融危機之前，已有投資銀行投資了幾十萬裝修費，建立了叫 Telepresence 的會議室。説穿了，其實就是在會議室另一端放了一部大電視，令會議對家的人像和真人一樣大。但是這類服務始終取代不了人與人之間的交往，因此這類新服務要在疫情之後留住客戶，也許就要花更多心血了。

不少房託就是「淘金笤箕」股

都市傳説有云，無論是美國還是澳洲，在十九世紀的淘金熱中，最賺錢的並非站在水中淘金的年輕人，而是在河邊賣淘金笤箕的店舖。除了笤箕店之外，所有的配套服務，包括酒吧、洗衣店以

及旅館，也許賺的錢不及最幸運的淘金者多，但卻成了實體經濟活動，變成了不少北美西岸城市的根本。

地產是經濟載體，因此在新經濟發展的時候，投資方案就應該集中在這些「箸箕股」。各類網上服務總有成敗優劣之分，但他們卻都需要一流的電訊基建才能運作。下一波互聯網發展或會以「物聯網」為主，更會出現每人身邊幾十件電器都需要上網的狀況，這就更加會刺激電訊基建的發展。所以電訊發射塔類房託，成為美國十大房託之中的4隻，並非意外。

房託投資選擇多（標指二十大市值地產類房託股份）

		市值 （截至2020年底）
電訊發射塔房託	1. American Tower Corp.	1072億美元
	4. Crown Castle International Corp.	692億美元
	7. SBA Communications Corp.	350億美元
	8. Welltower Inc.	234億美元

物流房託	2. Prologis Inc.	781億美元
數據中心房託	3. Equinix Inc.	711億美元
	5. Digital Realty Trust Inc.	410億美元
林地房託	10. weyerhaeuser	220億美元
零售相關房託	11. Simon Property Group Inc.	217億美元
	12. Realty Income Group	216億美元
住宅房託	13. Alexandria Real Estate Equitie	205億美元
	14. Equity Residential	204億美元
醫療房託	16. Ventas Inc.	164億美元
	17. Healthpeak Properties Inc.	153億美元

本來在過去幾十年，互聯網所處理的資訊量都已經是每年遞增。雲計算將部分運算作業由個人電腦或手機搬到數據中心的電腦內，在數據中心算得夠快不難，但要準時將結果傳回使用者，卻需要使用者和數據中心的距離夠短。再加上因疫情所增加的各類服務，全球各地都在開發數據中心，現有資產是供不應求。因此，數據房託2020年股價造好，亦不奇怪了。

Keppel DC REIT 股價

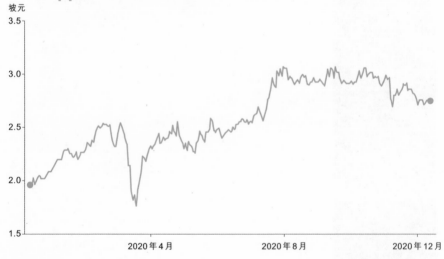

物流資產亦可以算是「淘金筲箕」，並早已在房託以及機構投資者之中站穩腳步，是寫字樓和商場以外的第三大資產類別。網購

需要物流資產，亦是市場早有共識之事，因為在網站下單之後，零售商總需要地方執貨。而且現代網購講求降低每張單的成本，所以由物流機械人操作貨倉，既可減低執貨所需時間，亦可減省網站人手。尤其港視一類，有部分貨品是親自供貨，需要處理多達數十萬件產品（行內稱之為 SKU：Stock Keeping Unit），就更需要現代物流設施。

再者，物流資產的租約期偏長，因此在疫情時，大家都希望租約穩定以保障收入，物流資產房託就更見其價值，相關股份亦因而是受惠股。

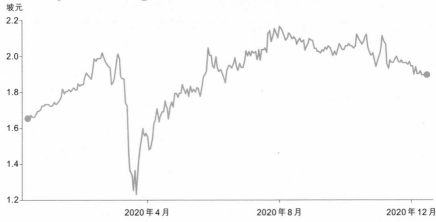

Mapletree Logistics Trust 股價

3/ 疫情過後，舊經濟會否真的反彈？

畢非德的旗艦叫「巴郡」，本來是家成衣廠。當年畢非德當基金經理當久了，就入股了巴郡，本來是希望透過營運將之起死回生。不過，再強的投資者都敵不過天下大勢，結果巴郡的成衣生意一直萎縮，但畢非德投資了巴郡的現金流，逐漸變成了一家綜合企業。

避免投資在「城市馬車」

100年前馬車曾經雄霸城市運輸，但是馬匹不像狗隻，再馴服的也控制不了便溺。因此，馬車當道的年代，城市滿街都是糞便，變成了第一代的環保問題。所以汽油車取代了馬車，社會是進步了，但也令馬車業消失。

執筆之時，幾間藥廠都公布了新冠肺炎疫苗研發有進展，似乎疫

情結束有望。股票市場反應得最快，一眾2020年股價大好的疫情受惠股，年底都曾經有過回吐。相反疫情受壓的航空、賭場、酒店股等卻見資金湧入，當時主流論述變成了「舊經濟股炒起」。

「舊經濟」包括所有不主要依靠互聯網做生意的企業，不同企業間的生意模式非常不同。因此，在首輪的股價反彈之後，則要找到在「疫後新常態」之下，什麼傳統板塊可望在經濟復蘇之後重拾雄風，才會有基本面去維持股價。幾個傳統的地產板塊，我覺得可能需要轉型，但是他們的經濟作用仍然存在，並非城市馬車。

2020年商用地產韌力不俗

2008年那次金融風暴，如果以9月中雷曼破產為起點，其實1年後的2009年9月，資產價格經已漸趨穩定。事後回顧，在2009年上半年入市的投資者後來都賺了錢。與那次比較，新冠肺炎疫情在2020年初爆發，似乎股市在三四月的時候見了底。尤其是11月起，疫苗的消息愈公布愈多，似乎市場已經在炒作復蘇。

不過，和2008年那次不同，似乎實體市場今次並沒有出現大量劈價貨。就算部分海外市場因為封關封城，以至實收租金下跌，真正以低價成交的交易似乎不多，原因之一是今次疫情下，銀行體制仍然穩健，賣家被迫沽貨還貸的壓力不大。英國下令銀行不派息，對股東未必公平，但卻確保了銀行體制避免骨牌效應。當

賣家實力尚在，買家又堅持等便宜貨，以至大家都在觀望。

商用地產實收租金下跌，部分是暫時措施。有些經濟體就由政府宣布紓困措施，減免部分租金，有些則是租客向業主提出暫緩交租或交部分租。香港亦有以股代租的案例，冠君產業信託（02778）在2020年4月就公布，接受上市公司香港醫思醫療集團（02138）發行之股份，以短期代替應繳付的租金。

處於疫情當中，業主彈性處理租客要求無可厚非：有租收總比無租收好。個別有實力的租客出現短暫現金流問題，幫一下可確保挽留好租客。而且迷信一點的話，更會相信「大難不死，必有後福」，幫助租客過了這一關，也許它接下來的發展迅速，可以承租更多空間。

不過，業主現金流變弱始終是事實，因此隨疫情膠着，業主亦會慢慢感受到壓力。上市公司當然是經濟體之中實力最強的一群，除非本來業務就有問題，否則要多捱一年半載未必有太大影響。但是商業樓市面向較廣，租戶組合之中的中小企要多捱半年也許就會有更多問題出現。

寫字樓真的已死嗎？

疫情之初，《經濟學人》曾刊登一篇文章，題目為〈寫字樓之死〉。疫情迫使企業和個人落實居家工作，再經歷了幾個月的運行之

後，大家都會問為什麼要全職在辦公室上班。畢竟，正如《經濟學人》所說，辦公室是十九世紀工業化的產物，是以工業管理方式管理白領員工。

公司地址彰顯品牌

實際上，寫字樓主要有3個用途：第一是地址。所謂樞紐效應就是當某行業集中在一個區域之後，其他同行公司以及上下游行業都會傾向聚集在這個區域，令到不在該地工作的看似不合群。所以專業服務行業的品牌定位，往往由它的辦公室位置開始。例如中環長期是香港的主要商業樞紐，吸引了金融業以及律師和會計師樓等專業相關行業進駐；因此在疫情前，每呎租金一度是排行第二的港東島的兩倍半。

不過，觀乎香港近一年的分區地產表現，似乎這個品牌效應悄悄然開始改變。當然，就算在疫情之前，都經已有大型律師樓開始搬到港島東。不過，當時搬遷的主因是這些需要以萬呎計的大型租客在中環根本找不到空間。隨着2019年的社會運動和2020年的疫情削減了需求，卻出現了中環租金跌得比港島東和九龍東快的情況。

其實香港由開埠到2009年金融海嘯，香港的甲級寫字樓都是集中在中環一帶，全港只有兩三千萬方呎，和紐約倫敦各有約一億方呎相差很遠。但是到了今次疫情，本港的甲級寫字樓總量已經

到了七八千萬呎，規模終於追上了紐約和倫敦。因此，香港樞紐和樞紐之間的競爭也許就會出現，長遠或會拉近幾個大樞紐之間的租金差距。

香港各寫字樓樞紐的租金表現
(%，2020年的季度變化；2019年的年度變化)

區域	2020年第三季	2020年第二季	2020年第一季	2019年全年
中環	-5.1%	-1.9%	-11.5%	-13.8%
灣仔/銅鑼灣	-2.5%	-2.9%	-2.4%	-1.6%
港島東	-0.9%	-1.9%	-4.0%	-2.6%
尖沙咀	-4.0%	-2.0%	-3.4%	-5.6%
九龍東	-0.6%	-4.5%	-5.9%	-2.7%
九龍西	-0.6%	-1.4%	-4.4%	+0.5%
整體	-2.5%	-2.8%	-5.4%	-4.8%

來源：Savills Research & Consultancy

公司是接待客戶的地方

寫字樓的第二個作用是開會地點，這由共享辦公室的裝潢可見一斑。共享辦公室一般都設在商業旺區，而且例必有漂亮的會議空間。稍為非正式的會議，可選用開放式的咖啡吧；正式會議則可用會議室。

在疫情之中，當大家都居家工作，的確不少會議都改到網上舉行。網上會議省卻了來回車程，但卻只能跟進現有事務，未必可以增進關係或觸及其他事務。而且，假如居家工作廣泛實行，團隊也需回到公司召開定期例會，這樣寫字樓的需求也許會更高，疫情後寫字樓作為會議地點的地位應該不會改變。

居家工作只是容許了在家埋頭工作

寫字樓第三個作用是處理業務或儲存文件，無論崗位是什麼，現代白領總有工作需要在電腦處理。例如我白天經常在外面開會，但如果要告訴同事或夥伴當天可以隨便找我，我通常都會說：「下午我在桌前處理公務，你可以隨時致電。」居家工作只是取代了這一部分的作業模式。

全職居家工作其實有利有弊，缺乏了職場社交，團隊較難磨合，維持合作反而更難。當公司策略方向逐漸改變，在公司的員工實時實地觀察，一齊改變較易，但永遠在家工作的員工就有機會追

不上節奏。

所以國外最流行的居家工作其實是一周一次，增加了員工在家工作時數，又保持團隊默契。2017年有報告指出23%的丹麥人、21%的荷蘭人和18%的瑞典人都「在過去1個月數次在家工作」。這個模式或較容易取得平衡，但卻不會減少太多的寫字樓需求。

寫字樓或會增加使用密度　但不會消失

綜合上面幾個因素，我覺得寫字樓的確會迎來一波重整。樞紐和樞紐會出現競爭，具體在香港也許就是港島東和九龍東會跑出。在每個作業空間之內，也許不同設施的比重會改變，例如會議室或開放空間的比重會上升，而老闆級的單獨辦公室就因為居家工作落實而變少。

投資寫字樓房託，首先當然是選擇有投資良好樞紐的股票。其次則是選擇有前瞻性，懂得應變的管理層。

4/ 疫情加再生能源：我們是否步入後稀缺時代？

討論房託需要討論能源，主要有2個原因。第一，現代機構投資者開始將基建和地產共列為「實體資產板塊」（real assets），而基建包括3方面：交通運輸、能源、以及電訊。電訊發射塔房託是一種模式，但是像中國和印度，則直接將不少基建資產認可為房託資產，參照已發展國家的基建信託，納入房託的管理框架之內。因此，作為基建類別的能源發展，亦成了實體資產投資者需要考慮的課題。

能源業革命已經悄悄到來

幾十年後回看2020年，也許除了新冠肺炎疫情之外，最值得關注的就是能源業終看到了實際改變。英國從2020年4月10日起，曾錄得連續67天沒有以煤發電，是自工業革命之後，最長的無煤發電紀錄。在2012年，以煤發電仍佔英國產電的四五

成，但到了2019年已經有83天不需要用煤。如今英國只剩下4座煤電廠，本來的政策是在2025年或之前將之關閉。今次疫情降低當地的用電量，只怕會令這4間廠關閉得更快。

每年全球的能源總需求是0.5澤焦耳（zettajoules，10的21次方），而每年地球在地面接收到的太陽能約為3850澤焦耳，是人類能源需求的7700倍。有太陽能工程師簡單估算，以現時新造太陽能電板的發電率約為陽光兩成計，全球只需約2萬平方公里（約20個香港或0.55個台灣），就能供應人類所有能源需求。當然實際操作需要加入各類配套設施和安全系數，但就算最後的數字是簡單估算的5倍，亦只是100個香港面積的電板就足以供應全球的用電量。

10年前安裝太陽能電板的成本是現在的5倍，但經過幾年的各國政府補貼，在歐美澳洲太陽能電板已成了一個蓬勃的行業。連在2020年春季的封關封城之中，加州州長也特別將太陽能電板安裝公司列入必須勞工之中，讓他們在疫情之中繼續開工。

到了今天，由加州往東走，經過內華達、亞利桑那和新墨西哥幾個沙漠州，一直到了得州，這幾個陽光充沛的西南方州份，太陽能電板就算沒有了稅務優惠，回本期也在5年之內。因此，雖然現時法例下，太陽能電板的稅務優惠將在2022年屆滿，但之後這些西南州份的安裝率也許不會跌太多。

近年太陽能電板價格大跌,在2020年全球已安裝的電板總量是2010年總量的7倍,英美等主要經濟體2020年的綠能總發電量,超越了煤電的發電量。因此,綠能已由單單環保事業,發展成電力市場的主要競爭者之一。

各類綠能不需要燃料,所以直接成本是零,繼而帶來範式轉移。30年前,互聯網令資訊傳送的成本變成了零,就改變了所有知識型行業。以前製造書本或唱碟有實際成本,公司只要在成本之外再收取溢價,就成了作者或歌星的收入。

同樣道理,當每度電都需要燃煤燃氣,電廠可以在煤或天然氣的成本之外收取溢價,以應付電網其餘成本和電廠利潤。發電的邊際成本一旦歸零,電力公司就要另謀他策,收取足夠收入以維持電網營運。

未來幾年,太陽能發電在攤分了投資成本後,總成本只是略低於煤電,則傳統成本結構仍然合理。但是假如太陽能電板真的像現時所說的,有25年的保證壽命,在5年至10年的歸本期後,之後的十多年電板是完全的零成本發電。到了已歸本的電板佔了一定市場份額之後,不單煤電難以競爭,就算現時最吃重的天然氣亦難以競爭。在英美兩地,於2010年煤電佔市場的比重仍接近五成。不到10年就能改朝換代。假若天然氣喪失了價格優勢,只怕被綠能取代亦只是一二十年的事。

未來電網發展也許可以借鑑手機業，手機通話亦無直接成本，但在「大哥大」年代，因為要攤分通訊網的基礎投資，所以當時手機通話費是以每分鐘計算。後來在諾基亞時代，模式已經變成每月套餐，但當時每月只有幾百分鐘，偶爾亦會超額。到了今時今日，套餐中的通話時間愈加愈多，大部分人都用不完。

現在的手機月費也許和會所月費一樣，重點是使用權。到了電力零成本的年代，企業和市民仍需要接駁電網。在太陽能已經成形的海外市場中，部分會收取最低月費或接駁費，以支付維持電網的成本。月費模式快則5年，遲則10年，可能就會成為主流。屆時電股的表現將和能源價格脫鈎，情況變得更似地產的租金，隨着經濟發展和通脹加租。近年基建信託成為房託的延伸，主因是基建產生現金能力亦高。電網也許亦會逐步轉型，成為這類防守性基建的一部分。

科技帶來良好通縮

外國幾十年的數據研究顯示，地產租金長遠和通脹水平掛鈎。在亞洲，因為幾十年來都有經濟體工業化和城市化，所以地產租金也許在通脹以外，亦和經濟增長掛鈎。十幾年來，我服務的公司也嘗試過用不同數據來估計租金，例如包括了名義GDP和平均物價指數（GDP Deflator）等同時包括了經濟增長和通脹的指數為本，結果都尚可以。因此，要了解租金乃至樓價的長期走勢，其實離不開了解通脹水平。

在亞洲的集體回憶中，通縮都傾向負面。亞洲金融風暴，令香港、新加坡、台灣等都經歷了幾年的通縮期，經濟亦差。日本的「失落20年」亦帶來了長期通縮，當市民預期貨品價錢會愈來愈低，就會押後消費，令經濟增長更為乏力。無論是政府、企業、乃至普通市民，只要有借債的，愈通縮他們的實際負擔亦愈重，所以更會偏向減少借債，降低了社會整體的投資速度。

科技突破亦會降低通脹，正如上一節所講，新經濟實際是新科技取代了舊科技去滿足社會需求，而新科技跑出就是因為降低了成本。100年前，城市馬車被汽油車取代，就是因為馬匹需要起居飲食，又不能24小時工作，因此當機械車出現只需燃料就可以24小時不停運輸，就取代了馬車。

全條馬匹的供應鏈，由郊區的育馬場到市內的馬房，還有製造馬蹄、馬轡等工具的工匠，全部都是運輸公司的成本。改朝換代之後，這些成本都消失了。

又例如網購，亞馬遜最初贏在沒有租金成本，所以長期可以七折賣書，就淘汰了美國的實體書店。其他利處，例如網上購書方便可以足不出戶，減省交通開銷及時間；中小型書商甚至個人作家都可以直接在亞馬遜出版，其實也降低了中介成本。

自從2009年金融危機之後，各國央行都執行了近10年的量化寬鬆政策，令利息長期偏低。雖然資產價格上升了不少，但是實際

的通脹仍算溫和，也許科技進步是其中一個對沖了量化寬鬆的因素。

綠能若成主流，將降低民眾生活成本和企業的營商成本。以美股為例，能源業的盈利佔了標普500指數的一成半，假如科技突然取代了這一成半的盈利，應會帶來另一波通縮，地產租金也許會因此減慢了增長的速度。

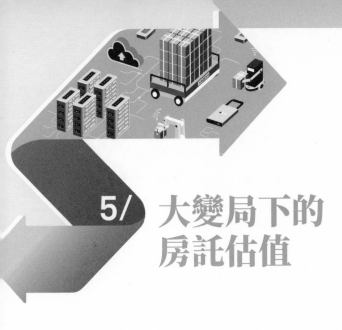

5/ 大變局下的房託估值

討論房託估值，一般都由淨資產值開始談起。但是外國房託公布盈利，往往會公布加權平均租約到期年期（Weighted Average Lease Expiry，以下取其諧音，戲稱「鯨魚指數」）。香港大部分商場和寫字樓的租約都劃一為3年，假如一個投資組合營運了一段時間，平均來說將會有三分之一的租約在今年到期，三分之一在明年到期，然後三分一在後年到期。三者平均就是約為1.5年，這就是所謂的「鯨魚指數」。

房託估值的重點：鯨魚指數

澳洲等海外市場，甲級寫字樓的「鯨魚指數」一般都在3年以上，部分甚至會超過5年。這是因為外國簽的租約，往往以5年起跳，個別甚至會長逾10年。租客能穩定未來10年的開支，又不用每兩三年就續一次租，屬省時省力的做法。

而且,「鯨魚指數」超過5年的話,就算商業樓宇的租務市場再波動,5年內會變動的租約不到一半。所以在經濟狀況不穩的時候,大型房託或機構投資者都需要繼續投資,長鯨魚資產反而顯得吸引,所以價格亦往往可以企得較穩。

「鯨魚指數」夠長,風險可比債券

如果租客是大企業的話,其實可以看到一張另類的長期債券。像澳洲有一隻房託,股票名稱就寫明自己是「Long Wale」(weighted average lease expiry)。在市況不穩的時候,這些資產仍能收租,而且租客難以要求減租,因而產生穩定現金流,自然受到追捧。

在美澳市場,房託的股息率和商業債券的利率有一定的相關度,因為只要大企業狀況仍然穩定,房託和商業債券兩者都能產生現金流。疫情之中股價造好的物流房託,如澳洲的Goodman或新加坡的豐樹工業房託,半年回報超過2成,一般都屬於長鯨魚房託,這值得香港投資者留意。

「鯨魚指數」和Beta

價值投資派常說「市場先生」有如躁鬱症病人,時而看好後市,時而看淡。基金經理則會討論現時應該「買風險」或是「賣風險」(risk on, risk off)。至於機構投資者的投資顧問和學院派,則將

之稱為高或低beta。「鯨魚指數」夠長，在逆市之中租金回報當然比較有保障。但是到了疫情消退，經濟重新回穩，有望加租的時候，長租約就反而顯得綁手綁腳，投資者換馬亦不意外。

「鯨魚指數」亦與不同資產類別掛鈎，如下圖所示，酒店的租約以天計算，入住率和房租都要到每天晚上才能清楚。因此，經濟向好或疫後反彈，酒店收入都可以在短期之內大增。另一方面，數據中心或物流資產一般傾向長租約，所以廣受上面所述的長鯨魚房託所喜歡。

部分房託資產主流租約的年期

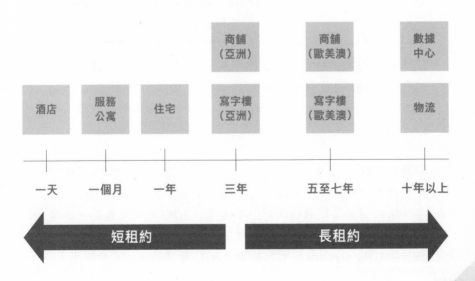

房託應看核心淨收入

2020年第三季，香港房託公布的業績，普遍都是淨收入大跌，但派息相對平穩。出現這個狀況，主要有2個因素。首先，根據現行會計制度，房託會每年為物業重估價值，而估值改變將以盈利入賬，變成了淨收入的一部分。市場暢旺的時候，物業每年都升值，淨收入就會比租金收入高出一截，但這只是賬面賺，並不影響可分配收入（distributable income）或最終股息。到了市場受疫情影響，房託重估物業時便由增值變為減值，也會影響公布的淨收入。

香港現時的租金回報率約為3厘，所以就算減值只是樓價的5%，亦足以令淨收入轉盈為虧，但是這個盈轉虧亦只是賬面數字，和房託的實際盈利狀況不一定有太大的關連。實際上，房託仍然每個月收到租金。因此，單單評論淨收入不足以看到房託的實際價值，更有用的是留意房託的淨租金收入（net operating income）。淨租金收入是所有租金收入減去資產的直接開支。在香港，這主要是差餉和保安清潔等管理費用。

根據2020年下半年香港上市房託所公布的數字，不少房託的淨租金收入跟去年持平，甚至微升。香港商業樓宇的租約平均長3年，所以在上半年續租的租戶不少是在2017年簽下租約，之後的2018年和2019年，租金普遍向上。到了2020年上半年才下跌了約10%，所以現時租金普遍比2017年所簽下的租金更高。

也許當下的氣氛不容許業主加租，但是以2017年的租金水平續租，也許亦算一個折衷方向。換句話說，除非資產本身有問題，或者個別業主願意向特定租客網開一面，否則現在氣氛似乎仍看不到業主會大幅減租而影響可分配收入。因此，也許派息會有幾個百分點的上落，但是整體而言，房託仍可做到「關鍵時刻穩定生息」的任務。

6/ 併購潮、回購

「話說天下大勢，合久必分，分久必合。」原是《三國演義》形容朝代變遷，在商場之中，公司分分合合經常發生。新加坡最大的地產商凱德集團（Capitaland）2019年與星橋騰飛（Ascendas-Singbridge）合併，重整之後成為了亞洲最大的綜合地產商。由於凱德和星橋騰飛的大股東都是新加坡政府的淡馬錫基金，所以算是系內併購。

地產商整合　星房託市場新面貌

星橋騰飛的主力是物流物業和科學園，剛好是凱德原來最弱的一環。因此，在合併之後，凱德將在住宅、寫字樓、商場、酒店之外，再加入物流物業，覆蓋了幾乎所有現代商業房地產的類別。而且星橋騰飛在印度深耕多年，凱德將之收購，亦有助拓展印度業務。印度近年漸有趨勢成為中國以外最大的高速發展區，這次

收購可以視為凱德未雨綢繆之舉。

凱德再成當地龍頭

在《這些房託值得買》中，我寫過運作暢順的房託市場都會恒常有買賣資產和收購合併方案，亦只有當市場有這類資產旋轉門，房託的淨資產值才有意義，有利股價貼近淨資產值。這次凱德集團的收購雖然並未直接牽涉當地房託，但是星橋騰飛乃是騰飛房產投資信託、騰飛印度信託，及騰飛酒店信託的管理人。因此，收購完成之後，凱德將入主這3家房託。

3家騰飛系房託之中，騰飛房產投資信託是當地最大的工業區物業房託，管理不少物流物業和科學園式辦公區產業，對凱德尤其有價值。再加上凱德自己經營的凱德商用新加坡信託和凱德商務產業信託，凱德將在新加坡同時管理當地市值最大的工業房託、寫字樓房託和商場房託，佔全新加坡房託總市值的27.6%（以彭博終端機數字計算）。連同凱德和騰飛系其餘市值較小的房託，合併後的凱德所管理的房託超過當地房託總市值的三成，拋離了第二位豐樹系的約兩成市值。這就是「分久必合」了。

豐樹系旗下有又一城

雖然背後有大股東新加坡政府支持，但是凱德集團的發展亦非全無風浪。在2010年及2011年，凱德集團和當時仍是分別上市的

子公司凱德商場亞洲曾經連續2年成為了海峽時報指數回報最差的5隻股票的其中2隻。後來換了管理層，又完成了一系列的重組，理順了集團營運，業務才逐漸回穩。

另外，本來豐樹系除了1隻專營亞太區物流的房託之外，其餘地產資產並沒有上市，但自從2010年起，豐樹系逐步將旗下以及新收購的資產打包上市，到2013年總共有4隻豐樹系房託。4隻房託之中，香港人最熟識的應該是以九龍塘又一城做旗艦資產的豐樹大中華房託。那時候，凱德的龍頭地位搖搖欲墜，很難相信幾年後的今天，凱德會重新成為龍頭。

這更加印證了股價之中的管理層價值是會隨着大環境改變。整個行業而言，有收購合併可以令資產流入不同的管理團隊手中。優勝劣敗之後，長遠優質的管理團隊可以掌控更多資產，加速行業進步。

房託回購為股東創富

曾有讀者問我如何看香港房託回購股票，眾所周知，領展（00823）直至一年前左右，一直都有回購股票，以保持每股盈利增長，為什麼其他房託不效法領展呢？

包括機構投資者在內，大部分投資者都是奧米投資者（註：音譯自英語OPMI —— Outside, Passive, Minority Investor）。奧米投

資者並非控股一方，投資賺蝕純粹基於每股的長期表現，而股票的長期表現在乎於每股的估值增長。

估值增長可以是每股盈利或股息增長，亦可以是淨資產值或公允價值的增長。我在《這些房託值得買》列出了經過十幾年驗證得出的數據，顯示每股股息增長得愈快的房託，長期回報就愈高。該書詳細討論房託可以執行的各種營運、投資和融資策略，就是指出所謂房託是「類似定息產品」，只是說它受法律所限，必須派息，而並非指房託不需要考慮增長。

當然，生意增長愈快，長期表現愈好是放諸四海皆準的道理，並非限於房託一個板塊。房託（及其他資產密集行業的股票）比較特別的是，由於每次投資都要動用大額資金，所以必須同時考慮融資策略，這跟輕資產行業很不一樣。就算都是地產相關行業，酒店營運商增加旗下酒店數目，可以簽下新管理合同，本身並不牽涉大額投資。

回購是融資策略的工具，是房託動用資金的方法之一。因為房託的資產有價有市，所以淨資產值相對容易計算。例如某隻房託有10億股，而資產值100億元的話，每股的淨資產值就是10元。如果現時股價是7元，那麼房託回購股票，就等於用7元收購價值10元的資產，每股理論上淨賺3元。

估值模型亦可以算出這個利潤，再套用上面的例子，如果管理層

花了7億元收購1億股，那麼總股數就由10億股跌至9億股，總資產值則跌至93億元，每股的淨資產值就成了10.33元。換句話講，這間房託的每股淨資產值就上升了3.3%。領展和第二位的置富（00778）回報拉開距離，也只是每年股息增長11%和9%的分別，所以可額外再帶來兩三厘的增長，不宜看輕。

回購帶來增長，只有當股價對淨資產值有折讓的時候才有效。當領展股價追近淨資產值後，管理層亦開始暫停回購計劃。但是不少其他房託本來就有折讓，再經歷疫情打擊導致股價下滑，現時股價對淨資產值的折讓更大。要每股淨資產值增加2%，部分房託或只需要回購4%的股票，實際上可以輕鬆做到，亦不會太影響現有槓桿率。

回購的另外一重考慮則是，現金在管理層手中能否有其他更好用途。房託過去幾年不容易收購資產，主因是市場上其他有實力投資者的收購過程相對簡單。疫情發展至今，似乎投資者實力仍在，房託收購機會並沒有暴增。相反，自己的股票反而沒有太多其他競爭者。因此，房託要為股東創富，落實一個兩三年的計劃，每年適量回購股票，促進每股估值每年增長，也不失為一個可行方法。

領展房地產信託（00823 HK）

上市地：香港

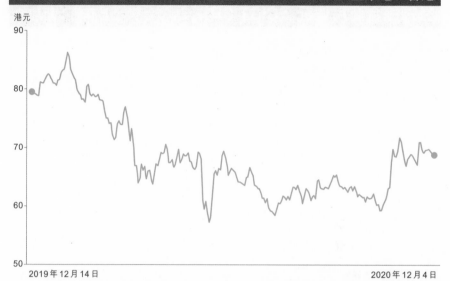

港元

90

80

70

60

50

2019 年 12 月 14 日 — 2020 年 12 月 4 日

最近幾次派息		基本評語	
2020 年中期	每股 1.4165 港元	佔香港房託總市值六成以上的龍頭房託。旗下資產原以房委會的商場和停車場為主；近年則有自行發展位於九龍東的寫字樓，以及在中國、澳洲、英國等地收購全幢寫字樓。	
2019 年末期	每股 1.4572 港元		
2019 年中期	每股 1.4147 港元		
2018 年末期	每股 1.4055 港元		
2018 年中期	每股 1.3062 港元	**資產規模**	
2017 年末期	每股 1.2828 港元	資產總價（公司估值）	港元 1,950 億
2017 年中期	每股 1.2150 港元	資產組合樓面總面積	香港 900 萬呎 中國 500 萬呎 英國 48 萬呎 澳洲 30 萬呎

CapitaLand Integrated Commercial Trust
凱德綜合商用信託（CICT SP）

上市地：新加坡

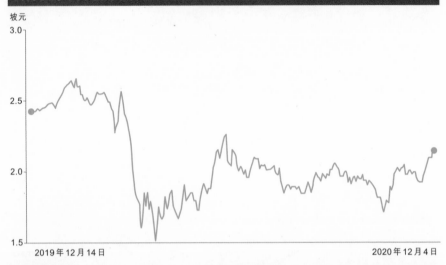

坡元
- 3.0
- 2.5
- 2.0
- 1.5

2019 年 12 月 14 日　　　　　　　　　　　　　2020 年 12 月 4 日

最近幾次派息		基本評語	
2020 年次季息	每股 0.0211 坡元	新加坡龍頭發展商凱德置地旗下最大房託；由旗下原來兩隻大型房託合併而成，擁有新加坡其中一個最大和最高級的寫字樓和商場組合。	
2020 年首季息	每股 0.0085 坡元		
2019 年年終息	每股 0.0311 坡元		
2019 年三季息	每股 0.0306 坡元		
2019 年次季息	每股 0.0292 坡元	資產規模	
2019 年首季息	每股 0.0288 坡元	資產總價（公司估值）	坡元 224 億
2018 年年終息	每股 0.0156 坡元	資產組合樓面總面積	1,040 萬呎

第二章

房託新資產類別

1/ 為什麼房託資產種類愈來愈多？

在香港討論房託，自然會首先想到商場或寫字樓。曾幾何時，這是全球通例，因為商場和寫字樓是「傳統資產」，佔了美國所有房託超過一半的總市值。商場房託的分析師，往往是整個房託基金的首席分析師，在房託基金經理退休之後，經常會由商場分析師升職頂替。

商場也許是第一個受新經濟挑戰的房託資產類別，我在2020年初拜會了大型外資基金公司的高層，原來他們的核心策略已經剔除了商場，變成以寫字樓和物流倉為主。所謂核心策略，就是最保守的地產投資，主要集中投資甲級地標，為最大型的機構投資者在未來10年、20年製造穩定的現金流。剔除商場，就是怕商場在未來10年的重要性逐年減低。

最近10年網購一直發展，基本上取代了書局和音樂店等大型專

項商店。大批中小型商場本來是靠大型連鎖店做主要租戶，以吸引人流。如今失去了這些商店，中小型商場亦失去了商業策略，繼而業務萎縮，所以商場房託的市佔率一直降低。到了2019年，美國五大房託之中，只剩下一隻Simon Proprety是商場房託。在2020年的疫情影響下，Simon更一度跌出了十大之外，見證了一個時代的起落。

商業地產是一雞死，一雞鳴，我認為商場和寫字樓雖然面臨挑戰，但這並不代表整個房託板塊都會出大問題，即使商場真的面對長期弱勢，美國的電訊塔和數據中心等房託卻已應運而起，成了當地第一大及第二大的房託類別。

在美國，房託資產類別的數目超過30種，連監獄、哥爾夫球場和廣告板都是房託資產。當然，最根本的原因是普通法系國家都傾向將法律解釋得很闊，令這些資產都可以算成「收租物業」。還有幾個原因使美國這些新型資產發展得更快，包括向地產金融業者提供的經濟誘因、房託的稅務優惠，以及其他因素促使原業主願意將資產賣給房託。

地產金融業者的誘因

房託要成功，到最後是一個簡單的資本遊戲：房託的融資成本，是否比買入資產的成本低？因為融資成本就是債務利息和股票收益率，所以股價愈高，市盈率就愈高，收益率就愈低，資金就愈便宜。

2.0 房託的資金遊戲

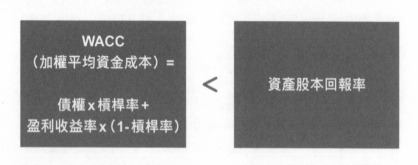

因此，當一隻房託成為某類資產的王者之後，股價上升，就會令房託的資金成本較競爭對手便宜，再收購資產就變得更容易。而再收購資產就進一步確立房託的名聲，因此可以形成良性循環，愈來愈拋離對手，這就是所謂的滾雪球效應。

當然，在成熟市場，「王者」不一定單一，但每個資產類別最多都只能夠有數隻一線大股。因此，地產業者都有誘因推廣新資產，希望成為新資產的王者。

另一方面，支持地產業者的私募基金和機構投資者亦有誘因引進新型資產。另類資產缺乏市場認識，又沒有上市工具投資，價格（一般以租金回報率為準）就會比傳統資產便宜。30年前，物流資產只是升級版貨倉，租金回報率長期比傳統資產高。但是在美

國和澳洲，當物流資產成為了房託第三種資產之後，價格就逐漸追上了寫字樓和商場，到了今天甲級物流倉的租金回報率和其餘兩個傳統界別相差不遠。

這個故事就令機構投資者願意考慮另類資產，無論是近年開始在股市起飛的數據中心，還是仍在私募界醞釀的學生宿舍，甚至電影工作室，都是因為這個原因取得了機構投資者信任，而可能變成未來的新型房託。

房託的稅務優惠鼓勵新資產

另一個情況，則是利用房託的稅務優惠，以降低公司的資金成本。像廣告牌和發射塔，本來是營運公司的資產，整份收入都是可課稅收入，需要繳交公司利得稅。投資者計算市盈率是以除稅後的淨收入計算，因此管理層亦有誘因去降低利得稅。

美國的廣告牌房託專營公路旁的那種巨型廣告牌，原來就由3家公司經營。廣告牌需要買下土地，再在上面建好鋼架，在轉型成房託之前廣告牌算是普通的營運資產。但是這3家公司都將廣告牌改列為投資資產，再將廣告客戶變成租戶：廣告客戶是租下了廣告牌的使用權，而客戶取得使用權後貼上海報，則是客戶自己的選擇。就這樣，廣告牌就變成了收租的商用地產，成為合乎房託資格的資產。當這些公司轉型成房託後，地產租金收入不再是應課稅收入，就為股東省下不少利得稅，變相提升了每股的稅後

盈利，因而刺激股價造好。

因為美國房託容許內部管理制度，像領展一樣由房託直接聘用員工，所以廣告牌公司的員工就可以全數過渡。對中基層員工來說，變身房託後他們的具體工作仍然一樣。對管理層而言，變身做房託則令企業發展更為容易。

美國的 UPREIT 制度有效省稅

房託收購新資產，其實一直處於不利位置。以香港為例，假如有業主想出售全幢物業，潛在買家不外乎房託、私募基金，其他上市公司以及家族辦公室。這幾類買家之中，家族辦公室的決定權掌握在家族手上，因此程序最簡單，只要大家長一個簽名，就可以交易。收租股和發展商等上市公司一般都會保有現金或者有可以迅速拿到的借款，視為自己的投資專款（英文所説的 war chest）。私募基金在投資期亦已經有預留資金，所以才會在市場尋找貨源。因此，這些較為專業的投資者，收購程序也許較家族辦公室為多，但是決定收購之後，要完成交易亦相對簡單。

但是房託受法規所限，必須將絕大部分淨收入派出成股息，一般又會因為維持派息率穩定，盡量將債務槓桿率保持在一定範圍之內。因此，房託不一定有事前準備的投資專款，就算有，金額亦不會多，所以當房託決定買大額資產的話，往往都要在股市發行新股集資。

要說服股東發行新股，當然就要宣布收購目標的營運狀況，而且集資也不一定能成功。因此，對於原業主來說，出售資產給房託要先將資產資料公告天下，還要承擔收購失敗的風險。基於以上考慮，再加上在香港這樣的市場，其他投資者相對活躍，房託的收購能力就更低了。

UPREIT制度是美國提升房託收購能力的方法，可以幫助原業主省下資本增值稅。UPREIT全名是 Umbrella Partnership of REIT，是在上市房託之下設立的載體。房託所有的資產都由UPREIT持有，變成下面的架構。

美國的UPREIT制度

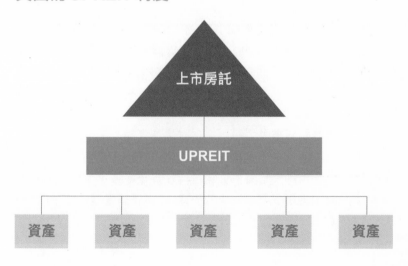

美國人投資成功，賺取的差價都是應課稅收入，按具體情況繳交入息稅或資本增值稅。但是當美國人出售資產給房託，在法律層面他們是將資產注入 UPREIT，換取了 UPREIT 的投資單位。這樣賣家在稅法上，只是投資而不是出售資產。

UPREIT 單位的現金流和母房託一樣，母房託所宣派的股息，UPREIT 單位亦一樣收到。因此，原業主將資產換成 UPREIT 單位之後，可以長期持有來收息。

到了原業主決定將 UPREIT 單位變現的時候，則可以將 UPREIT 單位「以一換一」的方式，換成母房託的股票，再自行在股市出售。在稅法上，換股就是落實交易，所換的股票就算做收入。

但是原業主不需要將所有 UPREIT 一次轉換，所以他們可以按自己的稅務狀況，逐少將 UPREIT 單位轉換。例如某年投資失利，出現應課稅損失，他們就可換多一些 UPREIT 單位，和這些投資失利對沖。

另外，本業並非地產界的一群，持有值錢資產只是源於幾十年前的個別買賣決定。香港也有一些小店東主，幾十年前買入了自己的店面，原意也許只是減少交租，但在幾十年後卻變成了值錢資產。這些業主或者到了退休年齡，希望將店舖變現，UPREIT 的靈活稅務安排就變得吸引了。

這個模式亦給予房託一個競爭優勢，可以吸納資產。

亞洲的投資收入稅率一般較低，但不少地方亦有各類辣招。豁免房託繳交辣招稅負，也許能增加房託的交易數量。

2/ 傳統資產
要如何投資？

所謂傳統資產就是寫字樓和商場，這兩者尤以商場房託近年表現較為遜色。例如Simon Property Group 曾經是美國最大的房託，但在疫情初期股價大跌，股息率一度飆升至10厘以上。就算是在第三季，疫苗出現前的「穩定期」，股息率亦長期在8厘以上徘徊，相對美國實體資產的租金回報率在4厘至5厘，8厘是很吸引。

投資傳統資產要避免價值陷阱

投資者要考慮的就是這些股票會否經已跌進了價值陷阱，價值陷阱專指一些表面估值好像蠻吸引的股票，但卻因為各種原因令股價一直上升不了。最複雜的價值陷阱是源於市場失效，某隻股票因為股市某些規則或行規令股價長期偏弱，我在《這些房託值得買》中亦有討論過這些問題。

不過，Simon乃至其他商場房託股價較低卻是因為市場看不通商場的前景。短期因素，當然是疫情之中，不知道最後會有多少零售商需要削減分店甚至破產；長期因素就是網購。因此我們覺得現階段投資商場房託，應該集中在改革派的管理層之上，以期他們能夠帶領房託轉型。

網購難提供「市集」感覺

全球各地封城之後，各傳媒都盡量提供免費娛樂，幫助民眾度過頓失社交活動後的空虛感。有台灣電視台就上傳了十幾年前的綜藝節目，其中一段訪問了「櫃姐」。櫃姐就是百貨公司的售貨員，她們制服漂亮，口才了得，在當地是受注目的行業。在香港，可以在冷氣空間斯斯文文地工作，努力工作又有高額獎金，櫃姐在七八十年代亦算是優差。

社會工業化之後，百貨公司往往興起，民眾真實感受得到自己的購買力：只要有錢，日常生活大部分貨物都可以在百貨公司找到，而且貨源充足。在百貨公司之前，一年幾次的市集也聚集了大量商戶和居民一起交易，功能上最為類似。但百貨公司每天開門，再加上像周年慶等特定日子，足以成為集體回憶。

後來商場興起，其實是將百貨公司拆細，讓不同貨種的品牌直接經營零售店。品牌專注某一貨種，就更貼近市民所需，往往提供更合適的款式。商場規模夠大，容納的店舖夠多，就可以提供比

百貨公司更多的貨品種類、款式、和品牌。在一些經濟體，商場就取代了百貨公司，成為了一代的「摩登市集」。

到了今天，網購又有取代商場的趨勢，但是網購送貨容易，卻難以提供「市集」感覺。商場的出路也許就在重塑購物經驗，專注售賣實物之外的體驗。在網購較早盛行的經濟體，商場的應變經驗就是增加飲食、健身室以及其他體驗型店舖的比重，希望藉此留住人流。

地產中長期的轉型遊戲

當然，在市佔率下降的大環境之下，並不是每一個商場都可以轉型。美國早在三五年之前就淘汰了小型商場，這些商場一般是「小區商場」，往往只是由一家大型專題商店做主角，再加5個至10個小舖位集結而成。小舖位可能租了給餐廳，也可能是空手道道場，但大家都靠大型商店吸引人流。隨著專題商店被網購追擊，這些小商場一旦失去了大型商店，往往會失去大部分人流，最終連場內的小店都捱不住。

有些商場經過幾年空置，部分又整幢出租給較大型的中小企做企業總部，管理層坐在原有的二三樓舖面，地下中庭則改成基層員工的工作間。地下中庭樓底較高，又有自然採光，其實員工的空間感更足，滿意度不低。

這類轉型在地產界並不罕見，歸根究柢地產資產好一部分的價值都在地價之上，而地價到最後又與市中心的距離直接掛鈎。小商場一般都鄰近早已經開發好的住宅區，基建配套齊全，因此轉型亦是可行之策。

當然，轉型要捱過幾年空租期，背負沉重債務的投資者未必有實力持貨，所以中間亦會有破產、重組、收購等事件。這種大轉變往往要靠比較進取的基金才能完成，所以房託投資者也許未能直接投資這些轉型項目。不過，每多一間小區商場轉型，房託手上的中大型商場的競爭者亦少了，長期而言亦會穩定整個商場界別的表現。

寫字樓發展或會出現東西方大不同

寫字樓的情況遠較商場佳，畢竟在疫情之前寫字樓整體非常健康。不過，隨着疫情演變，寫字樓亦要轉型，而轉型在每個城市也會有所不同。例如在 2020 年，香港和新加坡寫字樓房託的股價表現就跑贏了日本和澳洲的同類型房託，這也許反映了各地對居家工作的不同接受程度。

其他國家的大都會旁邊都有對應的二線城市，因此一直以來在大都會的居民到了三四十歲，有了家庭和孩子之後，為了更大的生活空間和提升孩子的生活質素，又或者是更便宜的稅負和生活成本，都有人選擇搬到二線城市居住。

例如，拉斯維加斯所在的克拉克郡，就由 1980 年的 46 萬人口，爬升到 2019 年的 227 萬。除了傳統的賭場相關業務人員之外，不少是由加州移民到拉斯維加斯的科技界從業員。當初加州移民看中拉斯維加斯，也許是因為著名賭城的基建總有一定水準。到了今天，賭場之外亦有航空公司等企業在當地設立總部，吸引了不少高學歷白領進駐，因此「磁吸加州人才」也成為了拉斯維加斯的經濟引擎。

疫情也許只是催化劑，吸引了一批原來已經準備從大城市撤離的人更快搬走，例如有位本業是健身教練的 KOL 就決定由洛杉磯搬到拉斯維加斯。同樣大小的房子，在拉斯維加斯就便宜了 20 萬美元，省下來的錢足夠讓他開一家健身室，繼續他的事業。

美國之外，其他擁有龐大腹地的經濟體，例如加拿大、澳洲、日本等似乎都有類似趨勢。既然整個人生都可以搬到二線城市，那麼容許員工在家工作也許並不是太大的事。因此在這些經濟體，市中心的寫字樓也許需要新思維去維持競爭力。

香港和新加坡卻未有這種撤離效應，所以疫情稍為穩定之後，大家仍然會回到公司工作。經過幾個月居家工作之後，不少公司是希望回復疫情前的穩定工時狀況。不過，就算疫苗最終應市，病毒並不會隨之消散，接下來仍然會時而出現感染群組。因此，靈活地處理上班地點也許才可以保障最高工作效率。例如疫情時幼稚園至小學生改了在家學習，他們的家長為了方便照顧，就有可

能也需要在家工作。又或者身邊有人感染，亦可能成為高危群組需要在家隔離。這些狀況再持續一年半載，也許大家都習慣了每天上班不一定「齊腳」，需要習慣如何隔空溝通仍然可以完成目標。

香港及新加坡這種疫情下的靈活管理模式，與美國等大城市撤離潮是不可同日而語。因此，亞太區小型經濟體的寫字樓也許仍可看高一線。

Simon Property Group（SPG US）　　　上市地：美國

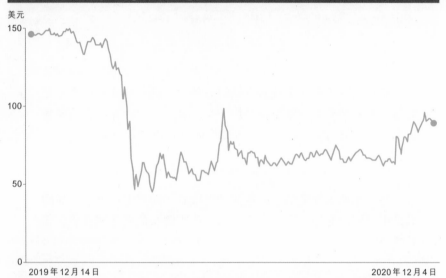

美元	
150	
100	
50	
0	
2019年12月14日	2020年12月4日

最近幾次派息		基本評語	
2020年次季息	每股1.3美元	美國最大的商場房託，主力持有和營運美國大型商場。曾一度為美國最大的房託，是S&P 100中唯一的地產相關股份。	
2020年首季息	每股1.3美元		
2019年年終息	每股2.1美元		
2019年三季息	每股2.1美元		
2019年次季息	每股2.1美元	資產規模	
2019年首季息	每股2.05美元	資產總價	美國會計制度不需要由公司估值
2018年年終息	每股2.05美元	資產組合樓面總面積	1.91億呎（235商場）（包括8%為海外資產）

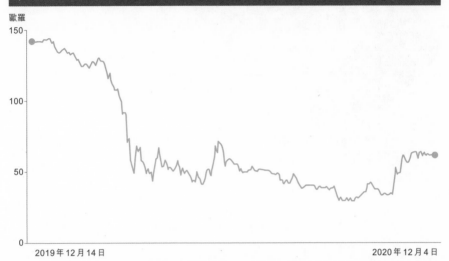

歐羅

150

100

50

0

2019年12月14日 　　　　　　　　　　　　　　2020年12月4日

最近幾次派息		基本評語	
2020年中期	取消	URW分別是源自於法國、荷蘭及澳洲的龍頭商場營運商，不過Westfield雖曾是澳洲房託，但URW旗下的是它的國際拓展部。因此，URW現時的資產組合主要集中在歐洲和美國。	
2019年末期	每股5.4歐羅		
2019年中期	每股5.4歐羅		
2018年末期	每股5.4歐羅		
2018年中期	每股5.4歐羅	資產規模	
2017年末期	每股5.4歐羅	資產總價（公司估值）	歐羅583億
2017年中期	每股5.1歐羅	資產組合樓面總面積	歐洲和美國一共89個商場

3/ 新經濟下，有什麼資產炒起？

以前在大學上《全球化經濟》課程，教授第一課就叫我們看看最簡單的麥當勞漢堡包。它的所有成份，包括牛肉、麵包、生菜、番茄，以至醬汁和紙盒都可能來自不同地方，但是在街角分店買這個漢堡包的價錢，在已發展國家可能只是受薪階層最低工資時薪的四分之一。換句話說，現代人可以用很便宜的價錢，就能買到一件背後牽涉好幾條物流鏈的貨物。

新經濟只是將經濟活動藏起

到了現代各式互聯網服務，消費者看到的更簡單：在手機按幾下，食物或貨品就會自然在門口出現，方便程度不下於500年前的貴族領主。以前，領主的方便是來自一整個領地和城堡的經濟力量，今天互聯網的方便就有一整套產業去推動。

物流物業是現代經濟的血管

正如上述漢堡包的例子所說，現代經濟之下，不少貨物都來自五湖四海。由工廠或農場出貨到碼頭上船，再由目的地的碼頭卸貨到交至消費者手上，中間都牽涉物流。最簡單以韓國午餐肉為例，碼頭卸下了一個貨櫃就會先運到物流中心，因為香港法例要求所有食物都需要有中文或英文標籤，所以只有韓文的午餐肉就需要先貼上中英文標籤，然後放回紙箱中，再到前線需要午餐肉，貨車就在物流中心拿貨運出去。

大集團在全港或有數以百計的零售點，每天出貨的貨車或有幾百輛。網購就更複雜，因為實體店進貨都是整箱或整板，但是網購則額外需要在物流中心執單，將每張顧客訂單數十件不同貨品放入送貨籃，然後才交由送貨組送貨。所以整個零售過程，除了我們消費者看到的最後一環之外，其實都需要物流中心。

物流就是第一代的新興地產，因為租客穩健而且開發周期夠短，所以20年前就開始成為寫字樓和商場以外，第三大的資產類別，對於已經投資房託的讀者應該不會陌生。在前作《環球房託砌出現金流》我也有討論，投資級別物流倉的租客一般都是大企業，成立物流中心也需要不少人力物力，故此物流中心的租約不少在10年或以上，盈利比寫字樓和商場更穩定。因此，盈利穩定加上疫情所新增的網購需求，就令物流房託在2020年的表現良好。

過去10年在亞洲，尤其是中國，物流業更加是發展迅速。現代物流以溫度來劃分，可分成3種：第一種是廁紙、罐頭、時裝等貨物，沒有溫度限制，運貨過程最簡單；第二種是新鮮蔬果或鮮花等，不能曝露在三十多度的高溫下，就需要低溫處理；第三種是肉類等貨物，必須在零下18度冷藏。

第二種和第三種的分別就類似家裏雪櫃的上下格，以上3類物流都是現代物流倉的服務對象。我們能在香港輕易買到來自各地的新鮮蔬果和冷藏貨物，實際上要歸功於近20年物流倉制度愈見成熟。今時今日我們可以輕易地在零售店舖用合理價錢買到英國的雪藏蘋果批，就是得益於這類現代物流鏈。

香港現時有不少物流倉，例如澳洲房託Goodman旗下的資產，在悉尼之外就以香港最多。本地部分地產股亦有在香港營運以千萬呎計的物流倉，本港亦有物流資產的開發商及營運商上市。香港未有物流房託雖然美中不足，但香港的投資者亦可考慮美國、新加坡和日本等地的物流房託。

貨物之外，數據亦需作業空間

如果說物流中心是經濟的血管，那麼數據中心就是經濟的神經。現代串流服務可以容許數以百萬計的訂戶同時觀看高清片，或者網購公司可讓數以萬計的消費者同時看貨，全部都是數據中心的功勞。用戶愈來愈多，數據中心的需求就一直增長。因此在疫情

之中，科技股炒起的同時，無論新加坡還是美國的數據中心房託都顯著跑贏其他房託。

另外，雲端計算推出了約10年，軟件服務商都會將運算交由數據中心負責，減少對用戶電腦的需求。下一波科技發展也許會落實物聯網概念，進一步增加連上互聯網的機器數目。這些發展都會令數據中心的需求持續看俏，利好其長期發展。

數據中心的選址亦逐漸多元化。香港經營數據中心曾經看似沒有優勢：第一，香港地價和租金偏貴，就算是工業大廈的呎租，在不少海外市場已經租到寫字樓；第二，香港位於亞熱帶，天氣炎熱，大型電腦系統本來就會釋放不少餘熱，物業設計需要考慮如何降溫。天氣炎熱，只會令降溫更耗能，像北歐的數據中心以北冰洋的海水做水冷，就不是香港能直接複製。

不過，成本再貴，亦有原因令數據中心的選址考慮香港。雖然現代資訊極為流通，理論上資料放在什麼地方，我們也可以接觸到，但是實際上資料仍然靠海底電纜等傳播，用量一大仍會塞車。在各大洲建立分站是最基本的分流策略，所以香港和新加坡即使租金較貴，卻仍需要在那裏建立一定數目的數據中心。

近來香港的網上會議和網媒愈做愈大，亦增加了城市的整體數據流量，外國網站也會有誘因將分站設在香港。本地流量在本地解決，就可減少跨海數據，以增加整體速度。另外，數據中心亦受

所在地的法律規管。例如銀行等行業，客戶資料比較敏感，就可能需要將數據存在熟悉的地方以降低自我監察的成本，香港金融業就是本港數據中心最自然的客戶。

所以，香港未必能成為全球數據中心集中地，但培育數十幢數據中心卻完全在能力之內。因此，今天投資數據中心，除了新加坡和美國的房託之外，更可觀察其他有開發這類業務的營運商。

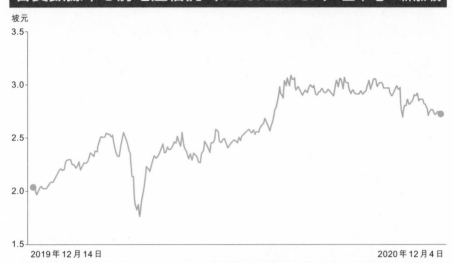

Keppel DC REIT
吉寶數據中心房地產信託（KDCREIT SP） 上市地：新加坡

坡元

3.5

3.0

2.5

2.0

1.5

2019 年 12 月 14 日   2020 年 12 月 4 日

最近幾次派息 *		基本評語
2020 年	每股 0.06325 坡元	亞洲第一隻數據中心房託，母公司為新加坡淡馬錫旗下吉寶集團。房託所持有的數據中心，遍佈新加坡、澳洲、英國、愛爾蘭和德國。
2019 年	每股 0.091976 坡元	
2018 年	每股 0.069871 坡元	
2017 年	每股 0.063184 坡元	

	資產規模	
*該房託 2018 和 2019 年都有派特別息	資產總價（公司估值）	坡元 29 億
	資產組合樓面總面積	18 個數據中心

Mapletree Industrial REIT
豐樹工業信託（MINT SP）

上市地：新加坡

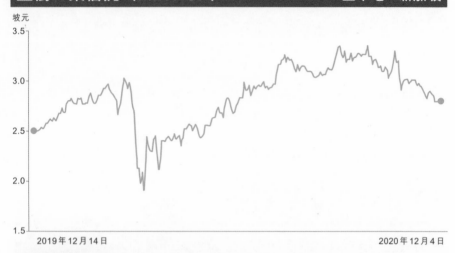

坡元

2019年12月14日   2020年12月4日

最近幾次派息		基本評語	
2020年三季息	每股 0.0307 坡元	此房託本來是淡馬錫旗下豐樹集團最大的工業物業房託，不過在2020年宣布集團亦會同時進軍數據中心，並收購了美國14座數據中心。	
2020年次季息	每股 0.029 坡元		
2020年首季息	每股 0.0285 坡元		
2019年年終息	每股 0.0336 坡元		
2019年三季息	每股 0.0293 坡元	資產規模	
2019年次季息	每股 0.031 坡元	資產總價（公司估值）	坡元 59億
2019年首季息	每股 0.0308 坡元	資產組合樓面總面積	2,060萬呎，包括 38.7%數據中心 21.0%科技大廈 8.9%科學園 22.8%多層工廈等

Goodman Group 嘉民集團（GMG AU）　　上市地：澳洲

澳元

20

15

10

5

2019 年 12 月 14 日　　　　　　　　　　　　　　　　2020 年 12 月 4 日

最近幾次派息		基本評語	
2020 年中期	每股 0.15 澳元	嘉民集團是少數真正國際化的房託，旗下所管理資產遍佈澳紐、亞洲及歐洲。值得留意是嘉民八成資產都是私募基金形式持有，投資者為各地機構投資者和澳洲散戶。這些資產給予嘉民的管理費，是房託收入的重要一部分。	
2019 年末期	每股 0.15 澳元		
2019 年中期	每股 0.15 澳元		
2018 年末期	每股 0.15 澳元		
2018 年中期	每股 0.1425 澳元	資產規模	
2017 年末期	每股 0.1375 澳元	資產總價（公司估值）	澳元 517 億
2017 年中期	每股 0.132 澳元	資產組合樓面總面積	澳紐：1,388 萬呎 亞洲：1,420 萬呎 歐洲：878 萬呎 （此包括嘉民以基金經理身份管理的資產）

Equinix（EQIX US）

上市地：美國

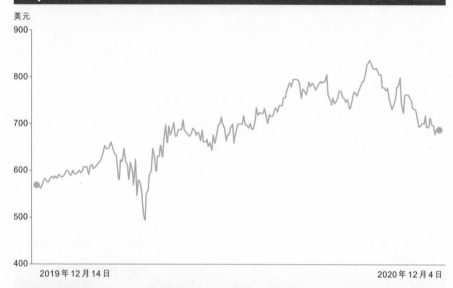

美元

900 ─
800 ─
700 ─
600 ─
500 ─
400 ─

2019年12月14日   2020年12月4日

最近幾次派息		基本評語	
2020年三季息	每股2.66美元	美國最大的數據中心房託，在全球五大洲的63個城市擁有227座數據中心。部分歐洲和日本的資產，亦是透過合營方式持有，房託能收到資產管理費。	
2020年次季息	每股2.66美元		
2020年首季息	每股2.66美元		
2019年年終息	每股2.66美元		
2019年三季息	每股2.46美元	資產規模	
2019年次季息	每股2.46美元	資產總價	美國會計制度不需要由公司估值
2019年首季息	每股2.46美元	資產組合樓面總面積	在全球五大洲的63個城市擁有227座數據中心

4/ 住宅房託
以租戶特點分類

房託的資產應該是商用地產，不過住宅房託亦有幾十年的歷史。例如在美國住宅房託之中，市值第一和第二的 Equity Residential 和 Avalon Bay Communities，皆是 1993 年變成房託，而營運團隊則在 1960 年代經已建立。

不過，似乎各國在推動住宅房託的同時，亦盡量避免這些房託和普通人競爭一般住宅。在美國，除了在幾個一線大城市之外，其他地區普通家庭的「美國夢」一般都包括擁有自己的獨立屋。

美國住宅房託所投資的「單位式」住宅項目，普通市民甚少會買來作長期居所。因此住宅房託發展再快，也不會對普通市民購買「獨幢式」房屋構成太大競爭。而在其他國家，購買分層單位作為長期居所比較普遍，但是亦甚少和住宅房託直接競爭盤源。

日系住宅房託服務高薪專業人士

日本的住宅市場比較複雜,東京以外仍有不少獨立屋出售。另外,又有分木結構和現代鋼筋水泥結構等,有投資當地住宅物業的讀者都會知道,像木結構建築物的折舊期只有6年,可以提供不少扣稅機會,適合當地的高薪人士投資者。

至於出租市場則按租金分了很多層,最豪華的一類是專門服務不願在東京置業的專業人士,當中包括為數不少的海外專才。如果是以外籍租客為目標,租盤會省下專門服務本地人的設計。例如一般日系單位都流行有「偽溫泉」浴缸,缸身較小卻較深,要浸浴也比較省水和省能源。但外國人不一定喜歡這個設計,所以這些豪宅租盤就不會安裝。

幾隻日系住宅房託,例如本章提及的Nippon Accomodation Fund都集中投資這類服務海外專才的豪宅租盤。以前我當分析員的時候就曾造訪一幢資產,頂層相連單位租了給某位海歸棒球手,但是剛剛退租了,就讓我們分析員參觀一下,因為沒有「偽溫泉」,也沒有日式裝潢的小偏廳,單位看起來就是「國際標準」的豪宅單位。但這類資產的租客薪金都不低,信用度良好,穩定的租金收入就成了這類房託的賣點。

服務式住宅和酒店界線逐漸模糊

在營運層面，服務式住宅和酒店最大的分別就是牌照。以香港法律為例，如果處所租約少於1個月就需要向政府申請酒店牌，防火以及其他規矩都比較嚴謹。服務式住宅和酒店的配套亦很不同，服務式住宅注重房間內的配套，一般設有小廚房，房間外的公用設施就盡量簡單，一方面增加房間數目，另一方面則減少營運開支。而酒店則剛剛相反，房間的配套少，但是公用設施卻按星級數處理，愈高級就愈多配套。

但近年兩者的發展卻愈來愈趨同，一方面，酒店逐漸增加房間的配套讓旅客（尤其是商務客）感覺舒服一點。另一方面，因為近年新建出售的豪宅也設有會所等配套，服務式住宅也逐漸需要加入公用設施去競爭。

因此，兩類資產的分別主要在於租約期和租客特性，偏向需要設置正式居所的租客就會選擇服務式住宅。以前分析服務式住宅都會傾向將之撥入住宅類別，香港幾幢著名的服務式住宅都以香港居民為主。在我通訊軟件之中有一個「金融人」群組，也有超過一半的組員住在紅磡的服務式住宅。他們都喜歡該處地點好，而且連同傢俬一起出租，所以比較方便。沒有服務式住宅的話，他們也許就會住在普通的出租單位。

長期居住人士亦非服務式住宅的唯一客源，假設一位香港的企業

高層需要每個月在台北留一星期，每次入住同一間酒店和租下一套服務式住宅，對他來說分別便不大，要考慮的可能只是價格問題。我有客戶早已移居英國，但在香港就長期租用一套服務式住宅，以供他回港視察業務時候使用。

疫情或會帶來改變，例如上述這個移居英國的出差客戶，整個2020年都沒有回港了。假如網上會議等工作科技進一步推廣，亦會改變服務式住宅的需求結構。當客戶由每月出差1次減為2個月1次的話，長期租用服務式住宅的相對成本就高了，他就有可能改為入住酒店。

像新加坡上市的雅詩閣公寓信託，是當地龍頭發展商嘉德置地的子公司，他們的資產就以服務式住宅為主。2020年疫情影響了他們的生意，股價走勢和每股派息亦有所下降。當然，到了疫情放緩的時候，這類服務式住宅房託也許像其他酒店房託一樣，反彈得遠較純住宅房託為快。因此，在分析服務式住宅房託時要看清楚他們的客源，以確定我們應該用「住宅」還是「酒店」的模式去分析他們。

豪宅之外亦有入門住宅

上面討論的特殊住宅都屬於豪宅類，專門服務高薪人士。但是地產金融業者當然亦不會放過入門級的住宅。美國、英國、澳洲是三大的留學生市場，又有成熟的金融體系，就自然令投資學生宿

舍具有吸引力。學生宿舍又屬社會責任投資，爭取大型機構投資者融資亦相對容易，因此自2017年左右就有機構投資者大手投資學生宿舍。以私募投資5年為一個周期計，也許早至2022年，亞太區市場就會見到學生宿舍房託。

公屋房託可以嗎？

香港由政府全資興建並且營運公屋，在世界上屬於異數，是政府財政和土地政策的偶然。在外地，公私營合作的公屋計劃才是常態。其中一個常見的營運模式是由私人發展商興建公屋，再將整幢公屋租予市政府，由市政府的福利局派發單位給有需要人士。對於私人發展商來說，正式租客是市政府，屬於低風險投資，因此就可以降低融資成本，有效興建公屋。

亦有外地政府希望可以透過房託去持有公屋。如果按照上面模式，房託將公屋租予政府，再由政府統一分配的話，一般居民日常生活不會有什麼不同。就算由房託直接將公屋租給租戶，只要在上市文件甚至法律上列明加減租機制，亦可以保障公屋住戶的權益。這和當年領展上市目的不一樣，不宜直接比較。

公屋房託最終能否成事，亦在乎於租金和建築成本之間的關係。例如香港不計地價的建築成本是每呎4000港元，按下圖的計算方法，得出每個月每呎租金需要16.7港元，才能維持這隻公屋房託的融資能力。但是現時香港公屋每呎月租6.2元（房委會

2019年的數字為每平方米67元），因此除非政策改變，容許發展「高租金」公屋，否則公屋房託在香港不容易出現。

建築成本（每呎）		4,000 港元
回報	x	5%
合理租金（每年每呎）		200 港元
	/	12
合理租金（每月每呎）		16.7 港元

當然，香港公屋制度的瓶頸在於土地供應，以上模式是假設了公屋房託拿了政府土地，因此在香港討論意義或不大。但是在其他經濟體，政府真的未必有財力獨資開發公屋，就有誘因去構思這類資產了。

Nippon Accommodations Fund Inc. （3226 JP）

上市地：日本

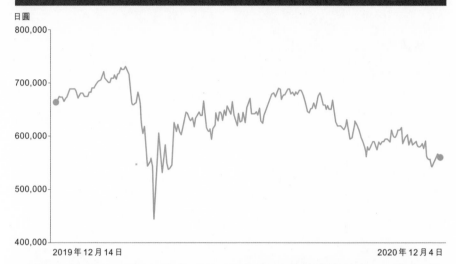

日圓

800,000

700,000

600,000

500,000

400,000

2019 年 12 月 14 日 　　　　　　　　　　　　2020 年 12 月 4 日

最近幾次派息		基本評語	
2020 年中期	每股 9,910 日圓	日本最大的住宅房託，母公司是當地三大地產商之一的三井不動產。房託擁有超過 1 萬個住宅單位，提供高級出租住宅服務。	
2019 年末期	每股 10,080 日圓		
2019 年中期	每股 10,108 日圓		
2018 年末期	每股 10,042 日圓		
2018 年中期	每股 10,449 日圓	資產規模	
2017 年末期	每股 9,706 日圓	資產總價（收購價）	日圓 3,184 億
2017 年中期	每股 9,161 日圓	資產組合樓面總面積	12,627 個單位

Ascott Residence Trust
雅詩閣公寓信託（ART SP）

上市地：新加坡

坡元

2019年12月14日　　　　　　　　　　　　　2020年12月4日

最近幾次派息		基本評語	
2020年中期	每股 0.01047 坡元	雅詩閣公寓信託是淡馬錫旗下凱德置地的酒店公寓房託，是第一代足跡遍佈歐洲的新加坡房託。現時資產公佈是69%亞太區、19%歐洲及12%美國。	
2019年末期	每股 0.0418 坡元		
2019年中期	每股 0.03431 坡元		
2018年末期	每股 0.03966 坡元		
2018年中期	每股 0.03192 坡元	資產規模	
2017年末期	每股 0.0373 坡元	資產總價（公司估值）	坡元 76 億
2017年中期	每股 0.03356 坡元	資產組合樓面總面積	超過 16,000 個單位

Equity Residential（EQR US）

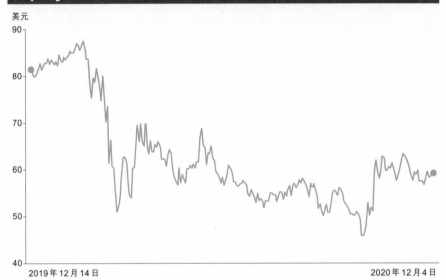

美元

90

80

70

60

50

40

2019年12月14日　　　　　　　　　　　　　　　　2020年12月4日

最近幾次派息		基本評語	
2020年三季息	每股0.6025美元	Equity Residential在波士頓、紐約、華盛頓特區、西雅圖、三藩市、南加州及丹佛投資有305個出租住宅項目，一共有78,568個單位。	
2020年次季息	每股0.6025美元		
2020年首季息	每股0.6025美元		
2019年年終息	每股0.5675美元		
2019年三季息	每股0.5675美元	資產規模	
2019年次季息	每股0.5675美元	資產總價	美國會計制度不需要由公司估值
2019年首季息	每股0.5675美元	資產組合樓面總面積	78,568個單位

Avalon Bay（AVB US）

上市地：美國

美元

| 2019年12月14日 | 2020年12月4日 |

最近幾次派息		基本評語	
2020年三季息	每股 1.59 美元	Avalon Bay 在紐英倫（美國東北）、紐約、華盛頓特區、西雅圖和加州擁有約 79,000 個單位。	
2020年次季息	每股 1.59 美元		
2020年首季息	每股 1.59 美元		
2019年年終息	每股 1.52 美元		
2019年三季息	每股 1.52 美元	資產規模	
2019年次季息	每股 1.52 美元	資產總價	美國會計制度不需要由公司估值
2019年首季息	每股 1.52 美元	資產組合樓面總面積	約 79,000 個單位

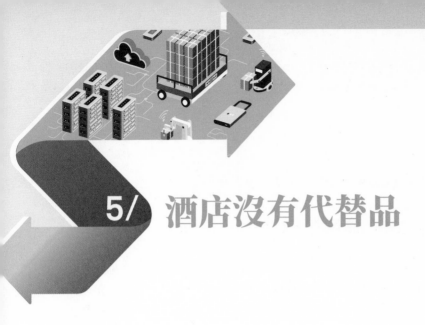

5/ 酒店沒有代替品

在疫情之初的2020年2月份,香港的酒店入住率跌至不足三成,雖仍未跌至2003年的歷史低位,但亦相距不遠。部分酒店選擇趁機會裝修,例如尖沙咀洲際酒店就宣布停業2年翻新,在2022年重新開業為麗晶酒店,就是趁機會投資現有資產的例子。

酒店是疫情中最為受壓的房託資產

在商業物業之中,酒店比較特殊。首先,隨着旅客數目升跌,酒店的房租和入住率每天都會變動。為了穩定入住率,三四星酒店都會和航空公司簽下合約,以折讓價提供房間給機師和空姐。但是當各地封關,航空公司都大規模削減班次,連機場都泊滿了飛機,因此酒店連機師空姐這個本來是最穩定的客源都流失了。至於其他價位的酒店亦會簽下各類長期合約,以折扣或其他優惠吸引需要出差的白領、主題樂園的顧客、以及其他的長期客源,所

以封關封城對所有類型的酒店影響同樣不少。

疫情之中的開源節流計劃

酒店的營運成本比其他商用物業高了一截，寫字樓和商場的資產相關開支（未計總部的管理成本和利息等企業開支）主要是差餉和物業管理費用，淨營運收入都在總收入的七八成。酒店的員工團隊較大，又往往兼營酒店內的餐飲服務，開支較高，淨營運收入一般是總收入的四成至六成。當突發事件出現，酒店的總收入可以急速下降，同時又需負擔營運成本，所以酒店是少數可招致營運虧損的商用物業，這亦解釋了酒店會為何會選擇在這種時候停業翻新。

酒店和航空公司都是主要服務旅客，客源高度重疊。但是在疫情之中，酒店尚可服務本地客源。例如不少香港的酒店就提供房間連晚餐之類的套餐，以吸引本地人光顧。其實十餘年前香港酒店都有類似推廣，不過後來境外遊客增長夠快，香港酒店的空置率長期在單位數字，於是本地套餐才逐漸銷聲匿跡。

留在居住城市享受本地旅遊設施的宅假期（staycation）在海外流行了好幾年，而香港居住環境擠迫，本來是很適合宅假期。但香港之前長期酒店房間不足，業主和旅行社都沒有誘因要推廣這類服務。當疫情緩和之後，假如航空交通恢復速度仍然緩慢的話，推廣宅假期就可以幫助業界稍為紓困。

這種開源方式令酒店的入住率自2020年2月低位有所反彈,當然55%的入住率和以前的90%差很遠,甚至還未到達一般健康的七八成入住率,但卻可幫助酒店業捱過疫情。

香港2020年的酒店入住率(%)

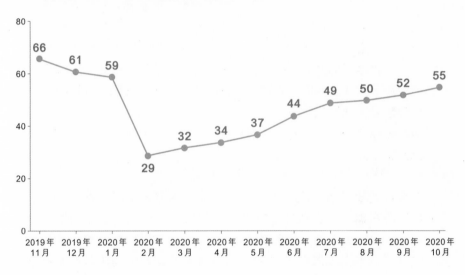

在今次疫情之中,部分地區的政府亦徵召了酒店用作隔離中心,又有些紓困措施提供工資或租金補貼,亦可惠及酒店營運商。因此,酒店處境雖然差,亦未至於像航空公司般大規模尋求融資或破產。有江湖耳語甚至說在一海之隔,有鄰近城市的酒店營運商在疫情最為嚴峻時,竟然錄得收支平衡。

最後，地產最值錢的始終是土地。在危機之中，部分酒店或會轉型，例如改為出租公寓，如果本來的設計合適，所牽涉的改動最少。正如開首說，在香港出租期短於1個月的住宅就需要酒店類執照，但是擁有酒店執照的資產，卻可以隨着策略變化，選擇改以月租營運。當然，大部分酒店裝修時並非以月租服務為目標，並不太適合長住。但大城市人口出入頻繁，月租酒店往往亦有一定客源。

兼營月租服務的酒店一般仍保有彈性，一旦市況回暖要變回普通酒店亦不太難。另外，假如業主選擇離場，大部分酒店用地亦可改為辦公室或正式住宅。當然這需要重建，既需時亦需要資金，但是因為有這一招，所以酒店資產的中長期走勢仍會與當地樓市掛鈎，投資者有一定保障。

當疫情有望改善，酒店短線營運沒有太大壓力，就自然受到追捧。觀乎過去幾次危機，旅客數目似乎都在幾個月之後回復正常。今次疫情期長，行業組織則預期到了2022年或2023年旅客數目才會恢復到2019年的數目。隨着疫苗出現，酒店業亦似看到了反彈原因。

酒店航空首先炒起是因為沒有代替品

網上會議盛行之初，大家都質疑出差是否會變成過去式，這就牽涉到新舊經濟之爭。其實商業旅客只佔旅客少數，美國這方面數

據比較仔細，可以作為例子參考。在2019年，美國出差旅客只佔全體旅客的兩成。雖說出差旅客因為花的是公司的錢，出手比較闊綽，但是也只是需求的一小部分。

隨着各地的疫苗開發和應市進展順利，各地的舊經濟股都在2020年11月迅速反彈，當中尤以航空股和酒店股最快，像美國追蹤航空股的ETF就在11月反彈了三成。疫情只是強行壓縮了旅遊業的需求，而社會根本沒有代替品，因此大家都會預期疫情過後，需求應該會在一兩年之內回來。

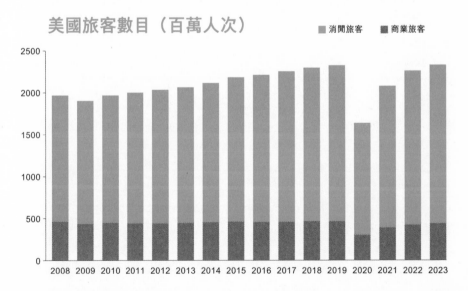

美國旅客數目（百萬人次）　■ 消閒旅客　■ 商業旅客

來源：Statista Research Department

美國一眾航空公司在2020年下半年的變陣模式亦是佐證，例如在10月，西南航空就開設了SWA 1920航班，由鳳凰城直飛墨西哥的卡波聖盧卡。卡波聖盧卡是旅遊名城，而且因為墨西哥沒有向美國封關，所以開設了這條航線，西南航空就是希望能在反彈中的休閒旅遊市場之中分一杯羹。

其他航空公司亦有類似取態，從紐約直飛卡波聖盧卡的直航航班，在2020年的冬天就由每周兩班，增加到每周24班。因此，在商務出差仍未恢復的時候，休閒旅遊也許就是航空乃至酒店業的救命草。在分析酒店房託或酒店營運商時，也許在2021年應優先關注休閒為主的企業。

Japan Hotel REIT Investment Corp （8985 JP）

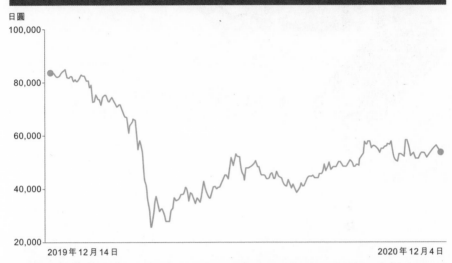

日圓

100,000

80,000

60,000

40,000

20,000

2019 年 12 月 14 日　　　　　　　　　　　　2020 年 12 月 4 日

最近幾次派息		基本評語	
2020 年中期	每股 199 日圓		
2019 年末期	每股 3,690 日圓	日本最大的酒店房託，在日本各地擁有一共 42 座酒店。旗下酒店約三成為希爾頓酒店，六成為國際品牌。	
2019 年中期	每股 3,890 日圓		
2018 年末期	每股 3,683 日圓		
2018 年中期	每股 3,420 日圓	資產規模	
2017 年末期	每股 2,975 日圓	資產總價（收購價）	日圓 3,700 億
2017 年中期	每股 2,155 日圓	資產組合樓面總面積	11,485 個房間

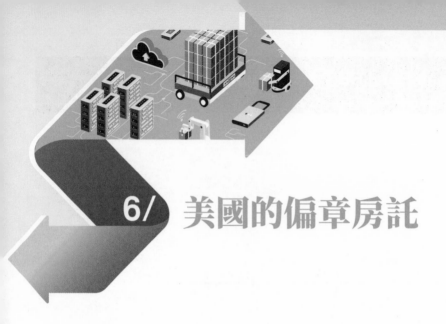

6/ 美國的偏章房託

房託是法律所定的特殊信託，雖然全球的房託法規類同，但是所謂「魔鬼在細節裏」，法規的微細分別就影響了各地房託的質素。例如日本禁止房託進行開發活動，香港和新加坡則有開發項目上限，而美澳房託則沒有法律限制。由於地產始終是實體資產，會隨着歲月變舊，不能自行重建資產的話，就會影響了房託更新組合的速度。

美國房託五花八門

大部分房託法規都列明房託需要持有收租地產資產為主，但什麼算是收租地產卻很不同。美國的取態最為寬鬆，也就發展出最多元化的房託資產種類，以下就是歷年美國房託所引進的不同資產類別。

年份	資產類別
1960	美國國會通過房託法規
1961	商場及小型購物中心
1967	鐵路相關資產
1970	酒店及度假中心
1971	住宅公寓、貨倉
1972	市中心寫字樓
1980	賽馬場
1985	醫療及市郊寫字樓
1986	迷你倉
1988	市郊寫字樓園
1990	租客自營物業（net leased）
1993	直銷店、高爾夫球場、樣式住宅地皮

年份	資產類別
1994	生物科技相關
1997	戲院及監獄
1998	汽車銷售店
1999	銀髮住宅、通訊塔、林木場
2001	油站
2003	銀行分行
2004	數據中心、政府寫字樓、軍人宿舍、學生宿舍
2012	油管和獨立屋出租
2013	農地和賭場
2014	廣告牌和商用倉庫設施
2015	電網

來源：NAREIT

部分資產只是傳統資產的變奏

在上述的資產類別之中，部分是早期就出現，但卻一直無法做大。例如酒店和度假中心早在 1971 年就成為了房託資產，但一直沒有解決地產投資者未必同時希望承擔營運風險的問題。在 1993 年，原本同時為業主和營運商的萬豪酒店，將自己分拆為擁有資產的房託和擁有品牌的營運商。這個策略為酒店業主剔走營運風險，令酒店物業更為機構投資者所接受，才令酒店變成其中一種主流的地產類別。不少本書列為新資產的類別，例如生物科技實驗室等也需要時間逐漸壯大，實在不足為怪。

另外一些資產類別則源自傳統資產，例如醫療寫字樓的主要租客就是醫務所和其他相關行業。這對香港讀者應該不陌生，旺角中心就是醫務寫字樓大廈，投資價值就正在於醫生現金流強，逆市時候有抗跌能力。醫療寫字樓房託的概念也是一樣：整隻房託都是醫生租客，不再是一般寫字樓，就自然提升了租約的信用度。

不少變奏式資產也是類似概念，例如在香港炒舖也知道銀行是鐵約，租金不會最高，但就非常穩定，美國因而就有銀行分行房託。除了醫生及銀行之外，政府也是優質租客，所以政府寫字樓也是優質房託資產。紐西蘭的三大房託之一，就是將他們擁有的政府總部所在的樓宇打包上市。

政府寫字樓因為租客是政府，所以變成了低風險之選。其他例如

軍人宿舍等資產，亦因為租客是政府的原因，變得風險較低，當中最有爭議性也許就是監獄房託。截至2020年底，美國有2隻監獄房託，其中一隻準備在2021年更改結構變回普通股票。這2隻房託各自經營各類懲教相關資產，包括正式監獄、懲教部門寫字樓，以及犯人釋放後的更生設施。這些設施的租客是各級政府，因此也是政府合約。不過，因為美國的刑事司法制度近年惹來了不少爭議，所以監獄房託亦捲進了漩渦。

變奏式資產也會側重於不同顧客需求，例如戲院或品牌直銷店的現金流，不見得比其他零售店更強，但是他們各自吸引了特定的顧客群，也令他們的表現和其他商場有點不同。要記得，機構投資者往往以現代組合理論（Modern Portfolio Theory）為資產管理的根本，而MPT的重點就是組合內的資產表現不同，就可降低總回報的波動之餘，提升總回報。

所以在推銷戲院或直銷店概念時，如果管理層或投資者關係組能列出確實數據，佐證他們的長期表現的確和普通商場有分別，就可吸引一定的投資者。「表現有異」可以是總回報不同，亦可以是轉勢時間和普通商場不同。其他類似的「特殊顧客變奏」，亦包括油站和賭場等。

美國獨有的發射塔房託

美國因為對商用地產的定義較寬鬆，所以演化出很多資產類別。

其中，當地市值頭五大的房託之中，竟高達3隻都是發射塔房託。表面看，美國的發射塔房託和香港上市的中國鐵塔（00788）非常類似，主業都是提供空間給電訊商，不過美國的營運方式亦有其特點。

首先，因為美洲的城市發展偏向低密度，相對於亞洲就沒有那麼多的高樓大廈和公眾運輸系統，而且大部分地方的人流都會比較疏，所以美式的發射塔結構都相對簡單。像龍頭房託美國鐵塔就只採用4類鐵塔，頭三種都是各種鐵結構，而最後一種則是因為鄰近市區，當區有規劃限制，所以採用猶如尖沙咀鐘樓一類的設計以增加美感。鐵塔公司統一使用4個模式，就可大大降低興建和維修成本。

另外，美式鐵塔房託擁有的資產就真的只有「鐵塔」。在最簡單的模式，房託只擁有一條電燈柱，上面所有的天線和設備都是租客自行添置，擁有的零件愈少，維修成本就愈低。以美國鐵塔為例，房託每年的維修開支只佔租金的不到3%。

美國電訊發射塔之中業主和租客的各自責任

美式鐵塔房託擁有的部件

- 土地（有時或為長期地租）
- 「燈柱式」結構
- 部分只擁有供電設施

租客負責的部分

- 天線組件
- 發射底站零件和冷暖氣等營運設施
- 電線

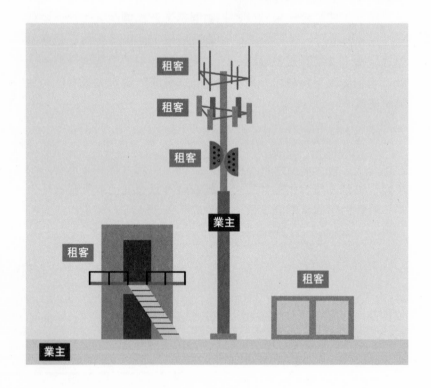

發射塔房託的租客就是電訊商，當然都是大企業，一般而言信用不錯。而且，與物流資產類似，電訊商佈局了收發站的地圖之後並不想短期再改變，租客希望租約愈長愈好，所以鐵塔的租約亦是鐵約，長期極為穩定。建築結構簡單、營運成本低、而且租客信用度高，就令美國的發射塔房託變成疫情之中的好選擇。

分析任何資產的第一步：租約結構

要分析房託，就必須同時明白房託本身資產以及不同租客本業的狀況。舉例來說，要投資商場房託就應先了解零售業的總體狀況。然而，由於商場位於城市之內，即使因為零售市道差而失去了一群租客，商場土地本身就有價值，就算需要轉型亦比較容易。

但像農地、林木場、高爾夫球場，土地就可能在市郊，失去了現時租客的話，要找新租客未必太容易，因此分析這些房託就必先了解他們租客的業務和房託資產的位置。尤其是不少特殊房託成立的原因都是為了房託的稅務優惠，因此也需要分析租金的特性。

關於租金特性，我們可以先問以下的問題，這些問題合組起來就是地產分析師常常掛在口邊的「租約結構」。當然，投資是平衡風險和回報，因此就算結構較為進取，也不一定需要自動將資產拒諸門外，這時候分析的重點應該是「有否額外的回報和增長去

補償風險」？

1. 租約期有多長？

在亞洲，普通資產可以接受較短期的租約，因為不少城市都是業主市場，租約愈短就加租愈快。但反過來説，特殊房託的租客不會很多，租約期就應該愈長愈好。

2. 租約的對家是誰？

租約上的租客不一定是實際用家，政府寫字樓的租客和用戶都是政府，當然是最低風險的狀況。美式公屋則租客是政府，但用戶是人民，風險又不一樣。酒店資產如非租了給營運商，則租客和用戶都是旅客，風險水平又不一樣。

3. 租金如何計算？

基於某個實數的租金（例如每年 100 萬美元）當然是風險最低，但是增長也是最慢。按實際業務表現釐訂租金可以令租金上升得較快，但卻會令資產表現進一步和租客的營運狀態掛鈎。

4. 資產吸收營運變化的能力有多大？

直接面對用戶的資產（如酒店）要全數吸收營運變化的改變，但是就算隔着營運商，亦需考慮營運商吸收震盪的能力。將酒店以實數租金租給大型酒店集團，對方吸收震盪的能力當然很高，但是將片場租給小型製作公司，再由對方分租給劇組，小型製作公司吸收震盪的能力就不會高。

租約期有多長？	最保守的情況	物流物業等以10年計的租約
	中等風險	商用物業或（正常）住宅等 1年至5年租約
	最進取的情況	酒店、會議室、攝影棚等 以日或小時計
租約的對家是誰？	最保守的情況	政府、該行業大型企業
	中等風險	該行業中小型企業
	最進取的情況	直接面對消費者（如酒店）或 商業用家（如攝影棚的劇組）
租金如何計算？	最保守的情況	以銀碼定立的租金 （例：100萬美元）
	中等風險	與業績掛鈎的租金 （銷售額的某個百分比）或最低租金
	最進取的情況	與業績掛鈎的租金 （銷售額的某個百分比）
資產吸收營運 變化的能力 有多大？	最保守的情況	營運商是大型集團
	中等風險	小型營運商
	最進取的情況	沒有營運商，直接面對 消費者或商業用家

American Tower Corp（AMT US）　　上市地：美國

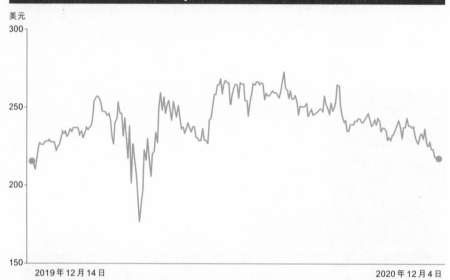

美元

300

250

200

150

2019 年 12 月 14 日　　　　　　　　　2020 年 12 月 4 日

最近幾次派息		基本評語	
2020 年四季息	每股 1.21 美元	美國最大的電訊發射塔房託，在全球擁有超過 181,000 個電訊塔，其中 41,000 個在美國本土，其餘則為海外資產。	
2020 年三季息	每股 1.14 美元		
2020 年次季息	每股 1.10 美元		
2020 年首季息	每股 1.08 美元		
2019 年年終息	每股 1.01 美元	資產規模	
2019 年三季息	每股 0.95 美元	資產總價	美國會計制度不需要由公司估值
2019 年次季息	每股 0.92 美元	資產組合樓面總面積	超過 181,000 個電訊塔

The GEO Group Inc（GEO US） 上市地：美國

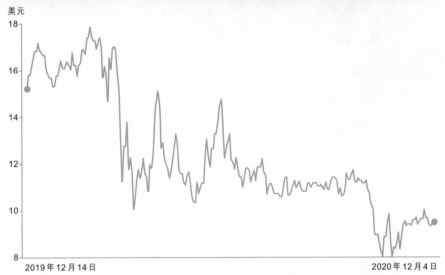

美元

18

16

14

12

10

8

2019年12月14日   2020年12月4日

最近幾次派息		基本評語	
2020年中期	每股 0.34 美元		
2019年末期	每股 0.48 美元	美國最大的監獄房託，資產主要為美國本土監獄，但組合中有11%是澳洲房託，及25%為出獄後的更新中心。	
2019年中期	每股 0.48 美元		
2018年末期	每股 0.48 美元		
2018年中期	每股 0.48 美元	**資產規模**	
2017年末期	每股 0.48 美元	資產總價	美國會計制度不需要由公司估值
2017年中期	每股 0.48 美元	資產組合樓面總面積	93幢懲教類設施

7/ 另闢門徑的
按揭房託

香港人熟識的房託，正式來說是「股權房託」，因為這些房託投資的是地產資產的股權部分。簡單地說，就是成為了這些資產的業主，掌控了物業的管理權和租金收入。不過，其實股權房託並非最初始的房託形勢。

按揭房託是第一代房託

1960年，美國通過全球首部房託法規後，第一類成型的是「按揭房託」。這主要是開始時房託能買到的物業不多，在之前提過的UPREIT架構被市場接受之前，現有業主也沒有誘因將資產賣給房託。因此，能夠逐少吸納按揭的按揭房託，反而有生存空間。

按揭房託和其他房託一樣，將特定的信託上市，並且任命管理

層。這些房託並不收購物業當業主，但卻收購一籃子的按揭成為了小業主的債主，按揭所生產的利息就是房託的收入。小業主的按揭供款一般分2部分：利息和本金。基本上，因為小業主的供款額超過債務本身的利息，所以每個月都有部分供款是用來償還本金，小業主在二三十年後就供甩了整個按揭。

按揭房託在收到利息之外，每月都會收回部分本金，管理層就負責定期將本金再收購新按揭，以形成穩定的按揭投資組合。當然，按揭出現諸如違約等問題，亦是管理層代表股東處理，以保障股東的長期利益。

按揭房託基本形態

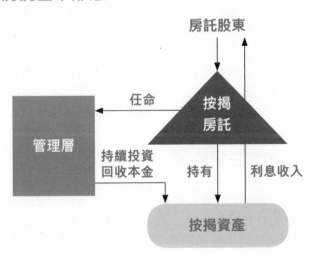

1990年代起，出現了同樣收集按揭以打包上市的按揭證券。由於按揭證券集資較按揭房託更快更多，所以在2008年金融海嘯前的幾年，幾乎取代了按揭房託的市場功能。

按揭可以自由買賣

在不少地方，推高市民的置業率都是政府政策。海外市場並不缺地，置業率的瓶頸就在於市民融資，即是按揭。因此，像美國一類金融市場發達的地方，就演化出很多不同的投資產品。投資者投資這些工具就是間接做了銀行業務：提供資金給市民買樓，而最原始的投資方式就是直接向銀行收購承造的按揭組合。

在美國供按揭，借款人往往在幾年後就會收到銀行的信，告訴他以後按揭供款要供入另一個帳戶，通常就是因為銀行已經將按揭售出。對銀行來説，按揭是長期資產，在未來二三十年都有穩定收入，但是如果街外有投資者願意付出溢價，銀行出售按揭就可賺取即時回報。而且資金回籠就可以再做新按揭，只要市場不飽和，工廠式的即造即賣模式可以帶來更高的總收入。

按揭房託的孿生兄弟

當然，這個初始模式只適合能夠親自做投資調研的機構投資者，後來出現的一些打包式工具，才容許了其他機構投資者以至散戶進場。例如按揭證券就是將數以萬計的按揭打包到一個結構之

內，再將所製造出來的債券分為不同信用評級。按揭所生產的現金流會按次償還給不同的債券持有人，例如每個月還款，先償還給最高評級AAA的債券，之後才償還給AA債券，餘此類推。

按揭證券基本結構

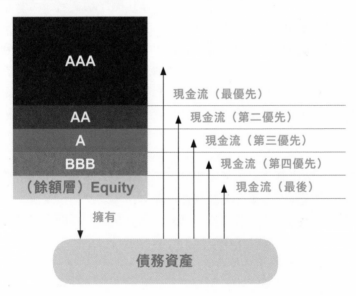

只要按揭沒有出現結構性問題而集體違約，排在前面的債券不會受到個別按揭違約影響。假設一份按揭證券有1萬張按揭，而AAA評級債券佔了總額七成。只要這1萬張按揭之中最少有7千張是如期供款，AAA級債券的投資者都能全數拿錢。所以只要

相信整個市況狀況良好，按揭之間相關度不高，投資高評級的按揭證券亦算穩定投資，當年便吸引了不少機構投資者。連同其他設計類似、但資產包涵不同的證券產品，當年按揭證券是政府債券以外，債市的第二大類別，比企業債的規模更大。

不過，2008/2009年的金融危機就直接挑戰了這個概念，當年真正出現問題的是次級按揭。在美國，只要民眾信用度夠高，通過入息測試和最高槓桿率等條件就可以做甲級按揭。甲級按揭受政府保障，按揭息率較低。高中的理財班反覆教導學生要養成有借有還的習慣，就是因為長期的良好還款紀錄（例如連續好幾年信用卡按時還數），可以建立個人信用度，有利將來借得甲級按揭，完成置業夢。

基本上，拿不到甲級按揭的小業主，就只能以高息借次按。要注意，次按的問題是業主的信用度，而非按揭本身的架構。近幾年在香港流行的夾層債和二按，基本上是完全不一樣的形態。大家幻想一下，在三線城市的小銀行，貸款主任已經服務了某個牧場20年，假如牧場主人的兒子想買樓，但又拿不到甲按，貸款主任也許會願意借錢給他，幫忙一下老客戶，這類按揭就是次按。

但是，將錢借給合格邊沿的小業主是一回事，而不受監管地亂借又是另一回事。尤其在證券化盛行的年代，銀行承造次按，都假設了能在半年內以溢價賣給按揭證券，於是總部就更加鼓勵前線員工盡量多放貸，以增加可以出售的貨源。

按揭證券的重點就是不出現集體風險,但是在當年熾熱的樓市之下,美國次按的按揭證券愈出愈多,到了樓市一轉勢,大批次按出現問題。事後美國政府獨立調查委員會的報告就指出,在危機前的2004年、2005年、2006年,3年所做的次按佔了整體市場超過兩成,不再是「幫一幫老客戶的兒子」的例外情況。

歷年美國次按佔所有住宅按揭的比重(%)

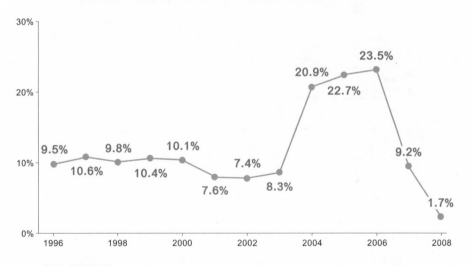

來源:美國財政部

不同按揭類型的拖欠比率

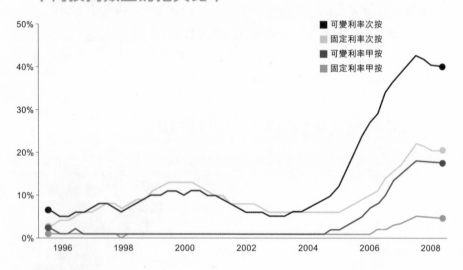

來源：美國財政部

到了樓市下跌的時候，這些次按的違約率颷升。根據美國政府的報告，在危機之中，部分類型的次按違約率高達四成以上，超過大部分按揭證券的可承受範圍。

按揭房託反而有人駕駛

按揭證券另一個問題是按揭銀行、證券商、債務管理人的事權太分散，反而監管不了按揭質素。次按是由銀行Ａ承造，但往往賣

給證券商Ｂ打包，然後再任命債務管理人Ｃ去負責管理，大家沒有從屬關係，出了事就難以有人承擔責任。

反觀，按揭房託仍有固定的管理層，雖然他們也是收購別人所承造的按揭，但最少房託管理層須直接被問責，因此他們有誘因去監察旗下按揭的質素。當然，由於按揭證券仍有不少市場份額，所以按揭房託有時亦會投資按揭證券，但就算如此，還是多了一重保障。而且按揭房託會借債以增加投資額，以槓桿方式增加回報。因此，近年按揭房託又逐漸出現需求。

Annaly Capital Management Inc
（NLY US）

上市地：美國

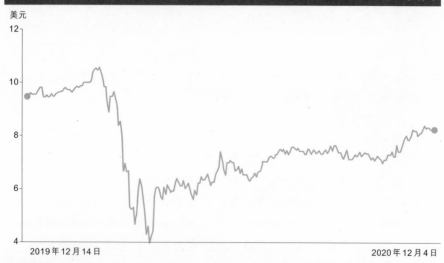

美元

2019年12月14日　　　　　　　　　　　　　　　2020年12月4日

最近幾次派息		基本評語	
2020年四季息	每股0.22美元	Annaly在美國各主要按揭市場都有投資，包括較高信用度的政府機構按揭債券、商用物業按揭、住宅按揭以及中間市場借貸。	
2020年三季息	每股0.22美元		
2020年次季息	每股0.22美元		
2020年首季息	每股0.25美元		
2019年年終息	每股0.25美元	資產規模	
2019年三季息	每股0.25美元	資產總價	約1,000億美元
2019年次季息	每股0.25美元	資產組合樓面總面積	N/A

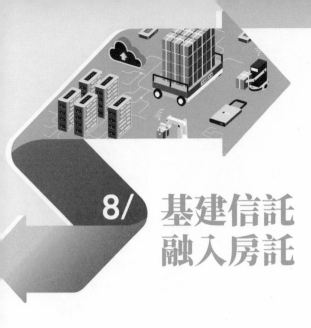

8/ 基建信託 融入房託

基建信託和房託有點類似，都是將穩定資產注入上市的信託之中，向大眾投資者提供賺取相對穩定股息收入的機會。基建信託的資產分幾大類，包括運輸系統，例如機場、公路、鐵路或港口等；亦有能源設施，例如發電廠及煉油廠等；最後一類則是通訊網絡。幾類資產都是經濟載體，長遠成敗取決於當地的經濟發展，很適合投資年期較長的投資者。

基建信託成為房託一分子

如果基建信託板塊成熟，機構投資者和私募基金有信心參與承建，那麼基建項目就有望以上市方法被私有化，這將增加當地基建項目的吸引力，令私人資金更願意考慮公私合作模式。對政府來說，基建信託可以將資金回籠，促進下一波基建。對大眾投資者而言，成熟而監管有效的基建信託，將提供另一種產生穩定收

入的投資工具。

這些資產盈利模式都以穩定收入為主，情況有點類似收租型房地產。故此，部分原本投資商用房地產的機構投資者，或會考慮將部分資金投入基建信託之中，以進一步分散投資。不過，基建信託的收入增幅往往有法例限制，例如港鐵（00066）雖然並非以信託模式上市，但它的短加長減機制就是這類法例限制的好例子。另外，不少基建信託的長期發展往往依靠擴建現有資產，例如機場信託或要增建航廈，公路信託或要修建伸延線。

這些新發展往往離不開與當地政府商討，故此研究基建信託的分析師需要熟讀法例，從而估算信託的收入增長。而且他們需要擁有政治觸覺，可以估算每間信託的計劃能否在議會通過。筆者知道有分析師甚至是由議員助理轉行，亦非常成功。

交通運輸最受歡迎

基建包括交通運輸、能源和電訊等3方面的資產，大家的營運模式都很不一樣。當中，因為交通運輸的主要投入都是鋼筋水泥，與地產資產有類似的地方。因此，亦有投資者將交通運輸基建看成是地產的自然延伸。

在交通運輸業之中，機場也許就是最類似地產的一類。例如在悉尼下機，由飛機閘口到入境處過關，必須經過裝修得像超級市場

的免税店，除了價錢不一樣和手上拿着行李之外，感覺和行商場差不多，因此悉尼機場就被人戲稱是「擁有跑道的商場」。2020年上半年受疫情影響，該機場的零售租金收入為1.4億澳元，而飛機相關的收入則是1.7億澳元，可謂平分秋色。就算在疫情之前的2019年，悉尼機場的零售租金是3.7億澳元，也達飛機收入7.4億澳元的一半。當然，機場的消費者就是旅客，旅客數目大跌亦會令機場人流下跌，假如封關期太久，就會影響到機場零售租客的承租能力。

現在有行業組織每年為機場排名，就更令機場管理者需要考慮舒適度的問題。香港機場雖然沒有上市，但也算是這類擁有跑道的商場。而且香港機場靠近一個10萬人口的東涌社區，屯門連接道路更將新界西的上百萬人連接到機場，就更加有客源去維持旅客以外的服務。所以早幾年見過有廣告宣傳去機場消費，也是情理之中。

機場亦有和商場不一樣的地方，商場能否擴建在乎於地皮有沒有可發展空間，如果沒有空間，業主亦可以購買商場旁邊的地皮整合成一個項目。但是機場擴建往往和當地旅客量掛鈎，而且機場擴建最貴和最難的不是建設新航廈，而是舖設新跑道。這些都離不開議會決定，因此亦是上面所說，基建信託的增長其實依靠政策方向。

能源基建也許在未來10年大轉型

本來能源基建和交通基建一樣，建設成本高，營運穩定。但是過去10年先有頁岩氣和頁岩油，後有綠能科技，令能源基建在未來10年將會大為改變。在2010年，美國全年用了接近10億噸煤來發電，到了2016年經已下跌到1年只使用了6.5億噸。特朗普在2016年總統大選的時候，明言支持煤礦業，希望支持煤礦工人就業，但卻無法挽回煤業衰落的現實。到了2020年發電廠的用煤量統計或最終跌至4億噸，比10年前少了超過一半。

燃煤發電10年來一直萎縮，主要因為2個科技突破。第一，美國頁岩氣取得突破，令美國出產的天然氣大增，供應穩定而價格又低，令天然氣發電變得比煤電發電更便宜。另外，這10年之間，太陽能發電成本下跌八成，加上風電的成本亦下跌了，也對煤電形成了替代效應。

因此，煤電由2014年佔全美國發電量40%，下跌到2020年只佔20%；天然氣則由2014年的26%上升到39%。除了水力和核能發電之外，新綠能亦由2014年的5%，上升到11%。所以，在成本壓力面前，總統就算作出了選舉承諾亦未必能夠兌現。

因此，煤電也許已經成為夕陽工業。在2020年9月，住友集團和關西集團就將他們在澳洲帕斯以南的藍水煤電廠，本來超過12億澳元的價值撇帳。這座煤電廠營運了不足10年，本來還有

增加2倍發電量的擴建權，如今將之完全撇帳，就是因為他們認為資產已經不能和太陽能電場競爭。當然，撇了帳不等於停止營運，但是亦顯示了兩個集團對煤電廠的看法。尤其住友是日系企業中的巨頭，更可能影響了其他日系投資者對煤電廠的投資意欲。

投資者須搞清楚聯邦制之下各級政府權力

投資美國基建資產亦要留意聯邦和州政府之間的互動，聯邦政府最擅長的似乎還是在科技研發階段提供支持，美國部分基建科技就是來自國防或航天科技。例如現在每幢寫字樓和商場都有的溫度計，其原理便是來自天文望遠鏡。聯邦政府代表了民眾去「摘星」，就可以推動科研。在國防航空技術成熟之後，就逐漸可以反過來滲透到民間。

另外，在科技剛面世，製造成本尚高的時候，聯邦政府可以提供稅務優惠。這主要是因為聯邦稅率較高，稅務優惠較為有效。像太陽能電板，10年前的安裝成本是現在的5倍。聯邦政府提供了稅務優惠，有些州份再提供吸引的購電計劃，就令10年前安裝太陽能電板的回本期短過10年，當能賺取利潤時便催谷了太陽能電板的安裝。

有時即使聯邦政府在綠能上取態保守，減少稅務優惠，州政府往往可以有所作為去抵消。像在2020年9月，加州州長就簽署

了州長令，宣布加州將在2035年前停售燃油車。加州人口接近4000萬，佔全美國人口11.5%，本來就是美國國內最重要的市場。而且美國有12個州一直有州法例自動跟隨加州的汽車標準，因此加州州長一紙州長令，就變成了13個州都會淘汰燃油車。

一直以來，加州單方面收緊汽車排放或安全標準，車廠往往因為成本考慮，直接將符合加州新標準的汽車賣到全美國，而非特別設計一款「加州專用型號」。因此實際上一直都是加州在定立全美國的汽車標準，加州的州長令也必然會令電動車的市佔率大增。

要在幾年之內令綠能取代煤電，除了住宅和商戶安裝電板外，亦靠大型太陽能電廠。這些電廠佔地以幾百畝計算，發電量或達一吉瓦以上，效能和新型的煤電廠相若，要加快這些項目，反而州政府的支援更重要。

現時這類電廠的成本效益經已比煤電廠優勝，因此資金未必是最大問題，但是州政府批准新項目的速度卻有待提升。另外，過去20年興建的煤電廠，投資資金亦未完全攤分完畢，如何淘汰它們亦是州政府的責任。當然，聯邦政府願意幫忙，整體發展速度會有所提升，但是就算聯邦政府取態不明確，現時技術開始成熟，未來幾年綠能基建仍會高速發展。

對現存的股票而言，最能面對這次轉變也許是電網股。在部分國家，生產電力的發電廠和負責供電的電網早已分家。部分地方甚至有各種反壟斷法規，規定電網必須從不同來源購電，以形成電廠之間的競爭。在這個模式之下，大型太陽能或風電廠只會淘汰火力發電廠，但是它們仍需向電網供電才能將電力賣給用戶，所以電網仍會處於優勢，可以維持市場份額。

電訊基建是否已經成功分家？

手執美國房託牛耳的發射塔股，也許已經算是電訊基建的一種。這個模式有點像酒店的資產和營運分家，投資發射塔房託不需要顧及電訊營運商的經營風險，只要社會經濟發展對電訊需求一直上升，發射塔供應增長不太過分，就能賺錢。

市場亦有傳統「一條龍」式的電訊基建信託，例如在本港上市的香港電訊（06823）就包括了固網、寬頻、流動通訊及媒體娛樂服務，直接向消費者提供獨特的「四網合一」體驗，這意味着電訊基建信託的投資者擁有了包括發射機和頻譜在內的電訊資產，又需要做好營運去吸引消費者。

只要看看5G換代，就可以明白電訊基建信託和發射塔房託的差異。由一開始競投頻譜，到之後選取5G設備供應商，到最後逐漸落實投資，以及吸引客戶升級計劃，全部都是電訊基建信託的責任，其實是一筆不少的資本投資。但是對鐵塔房託來説，原有

服務4G的鐵塔，一般都會繼續提供4G服務，所以電訊商仍需向鐵塔房託交租，而新增的5G服務又會增加鐵塔需求，帶來新生意。

當然，正如物流房託出租給網購商後，一般都是網購商賺錢更多，營運優良的電訊基建信託理論上亦會跑贏單靠收租的鐵塔業主。所以兩者比較，雖然鐵塔房託應該比較穩定，但亦非唯一選擇。

Sydney Airport Holdings Pty Ltd
悉尼機場控股有限公司（SYD AU）

上市地：澳洲

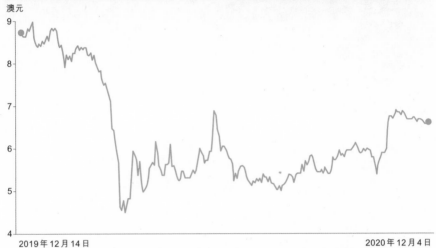

澳元

2019 年 12 月 14 日　　　　　　　　　　　　　　　2020 年 12 月 4 日

最近幾次派息		基本評語	
2020 年中期	取消	這隻基建信託持有及營運澳洲悉尼機場。在 2020 年的疫情之中，零售租金佔了該信託一半的收入。在 2019 年，零售租金亦佔了三分之一，而其餘則為航空相關收費。	
2019 年末期	每股 0.190117 澳元		
2019 年中期	每股 0.190117 澳元		
2018 年末期	每股 0.185243 澳元		
2018 年中期	每股 0.180368 澳元	資產規模	
2017 年末期	每股 0.175493 澳元	資產總價	沒有公司公布估值
2017 年中期	每股 0.160869 澳元	資產組合	悉尼機場跑道、客運及貨運大樓

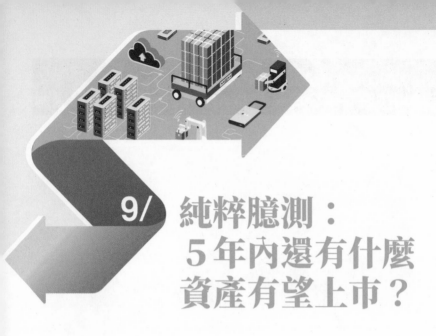

9/ 純粹臆測：
5年內還有什麼
資產有望上市？

前面我們討論了地產業者都有誘因將新型資產以房託方式上市，但並非所有的鋼筋水泥都可以變成商用地產資產。由「非機構資產」變身為房託一般有兩條途徑：第一類像廣告牌公司自行轉型，這類轉型的重點在於房託的稅務優惠，而且由原來的營運商主導，情況比較簡單；第二類則由地產業者主導，尋找遇上發展瓶頸的資產類別。

第二類的一般過程，會先由機構投資者或私募基金吸納資產和開發中的項目，營運一段時間以至穩定之後，則將之打包上市為房託。機構投資者願意考慮這類項目，重點是相信獲吸納資產的買價，會低於將來房託的估值（即賣價），從而賺取中間的差價。因此，成功轉型的資產都有以下的特點，才有望發展成房託。

1. 可以收到穩定的現金流

像物流資產的初始租客都是大型物流商或網購商，公司信用良好，加之他們都不希望每隔幾年就需要考慮搬遷，所以比較願意簽下以10年起跳的長期合約。另外，酒店等資產雖然現金流不穩定，但當有營運商承租對沖風險，則也可以變成房託資產。

2. 現有融資模式失效

像澳洲的學生宿舍，本來是高收入人士所喜愛投資的類別：買下一二百呎的單位，再交由學生宿舍營運商管理，每個月收到的租金差不多可以還清按揭，到了20年後租金則成為退休金的一部分。但是因為當地銀行收緊了按揭規則，不再願意借出小單位的按揭，高收入人士需要一次付清買價，吸引力就大降。因此，學生宿舍要再發展，就需要新的融資方式。機構投資者和房託模式就變成了考慮之列。

3. 租務回報率夠高

每個資產類別都會因應自己的風險水平，有自己的租金回報率。學院派會認為，不能單單因為某類資產租務回報率較低，就認為該資產沒有競爭力。但另一方面，房託在股票市場交易，需要和全球房託以及其他高息股競爭，派息太低吸引力就低，長遠融資就更困難。因此，在機構投資者介入前，租金回率較高的資產就更容易變成房託。

4. 有ESG故事更佳

幾十年前，機構投資者的社會責任投資只是避免投資「壞行業」，例如煙草公司很早就被剔走了。但是近年機構投資者會更進一步，預留部分資金給有利社會發展的投資。早幾年開始流行的綠色債券就是例子：當企業可以證明融資的項目符合環保原則，就可以吸引機構投資者的綠色資金，往往可以降低融資成本。

除了環保之外，機構投資者亦會關注其他有利社會發展的項目。例如學生宿舍可以增加各國學生交流，提升全球學生的知識，亦屬於「人類發展」項目，因此能夠吸引資金。就算個別機構投資者自己沒有社會責任投資的要求，投資在商業角度有利，而又有ESG故事的項目，甩手時候的潛在買家亦更多，亦屬於資產的利好面。

5. 新型資產的貨源夠多

打包資產成房託，需要多達數億美元的規模，因為房託淨值太小將很難吸引股票基金去研究。例如中型股票基金的資產規模或是10億美元，如果將1%的資金投入1隻房託，就是1000萬美元。假如房託市值不足，股票基金就會成了需要宣布持股的大型股東，將來買賣限制不少。因此，除非有特別原因，否則股票基金都會避開小型股票。

因此要將新型資產上市，首先要該類資產貨源夠多，可以集結成

數億規模的資產。就算現有貨源不足，亦需要能在一個開發周期（3年至5年）達標。在外國尋找地皮未必是最大限制，反而能否找到足夠需求才是大問題，因此，成功變身的資產往往都在服務某個當紅的行業。

這是又一佐證，所謂「商用地產」早已經脫離了寫字樓和商場兩個傳統行業，以下我們會盤點幾類新型資產，根據對私募基金或機構投資者的前期資金流向觀察，也許在未來幾年會陸續成為房託。

突發事件或會觸發開發潮

學生宿舍在兩三年前經已吸引了機構投資者。美國、英國、澳洲是全球三大的海外留學生市場，又是地產金融業發展得最成熟的市場，自然容易撮合投資者和投資項目。除了今年的疫情之外，學生宿舍的需求一直穩定。最近聽過的例子，有澳洲投資者將舊酒店改為學生宿舍。澳洲是全球第三大的海外留學生市場，正式的學生宿位卻佔留學生數目不到一成。當然，澳洲住宅貨源未算特別緊張，留學生不住在學生宿舍，亦可租住普通住宅，但是當地近年學生數目每年都創新高，就變成了一類獨立的投資機會。

舊酒店早就預設了洗手間的水管，本來的後勤空間可改為洗衣房、活動室、自修室等學生需要的設施，因此只要略為裝修，酒店就可變成學生宿舍。這樣一來，舊酒店退出了原來的酒店市

場，又增加了學生宿舍的供應，對兩個資產類別都有好處。

但要留意的是，學生宿舍在未來一兩年亦可能會迎來一波低潮。2020年疫情爆發後，留學生大都留在原居地，在網上復課就不需要入住學生宿舍。部分宿舍按年收費，疫情下首個學期的現金流不受影響，但是按月收費的宿舍則即時需要面對負現金流，不容易解決。

宿舍的融資策略五花八門，有些營運商持有宿舍的建築物，他們大都有債務融資，每月都有利息支出。有些其實不持有建築物，只是業主的租客，以二房東的方法經營。這兩類融資手法都有現金成本，所以留學生不見了，帶來的壓力不少。

暫時而言，有實力的投資者仍覺得在疫情緩和之後，留學生會繼續回來學業，所以聽聞有些學生宿舍最近成功融資。另外，印度經濟近幾年快速增長，送出去的留學生逐年增加，令留學熱門地點的生源分佈更平均，減少長遠的風險。

寫字樓尋找新主題投資

前面我們寫過，歐美居家工作在疫情前經已慢慢落實，到疫情來了更變成全民應變措施。疫後居家工作也許仍是重點，因此寫字樓都需要考慮如何維持人流，可能需要借鑑幾十年前珠三角的「前舖後居」模式。

五六十年代那次工業化，廠房都設在香港，自然最正常的模式是在廠房一邊興建寫字樓，讓白領職系的同事在那邊工作。到了工廠外移的七八十年代，不少公司仍將寫字樓設在香港，但因為旁邊不再有廠房，所以寫字樓的具體地點亦變得靈活，不少公司都逐漸集中搬到寫字樓大廈。

最近又有產業需要愈來愈多的作業空間，最簡單例子是不少媒體自設錄影和錄音地點，需要的空間未必可以靠寫字樓解決，因此不少相關公司都設在柴灣等鄰近商業樞紐的工業區。

影城變成新寵

2020年6月，大型地產基金Blackstone宣布購入Netflix的錄影廠房，這也許是影城變成房託的第一步。近年外國電視台和串流服務平台，愈來愈流行將電視劇製作外判給創作人，既減少了電視台的成本，又增加了創作自由度，還讓創作人有機會創業。一般而言，電視劇的第一季是草創階段，可能會盡量減省成本。

假如劇作口碑好，電視台願意續約，創作人可能未來幾年都會專注這套劇，就會有意欲長期租用攝影廠，花錢搭出他想要的布景效果。另一方面，電視劇組有了鐵約在手，現金流變得穩定，因而成了好租客，吸引地產業主為他們服務。

另一方面，二三線城市亦會希望將這類電視劇組招請到自己的城

市。對小城市來說，某某當紅劇集在自己城市拍攝已經是市長的大政績，而且工程發展和其後營運都有額外經濟活動和稅收，提案極有吸引力。

一線尾二線頭城市亦會有興趣加入戰圈招商，以吸納這幾百位高薪人士進駐，又可能帶動後期製作和電腦動畫等創意行業。因此，市政府都會願意提供各類政策補貼，令投資變得更加吸引。

最近見過海外有大型地產基金就開始這類投資：將劇組吸引到願意給優惠的城市，然後集資興建廠房，再出租給劇組。基金居中聯絡，對市政府和劇組來說都是好事，而且這類計劃往往牽涉金額不小，由地產基金尋找資金，總比市政府自己做容易。

假如市政府土地夠多，策略較靈活，往往就會在錄影廠之外，再提供地皮發展寫字樓，以供劇組以及相關產業的白領工作。預期工作員工數目夠多的，又會有小商場提供餐飲等配套服務，變成了綜合發展項目。這個發展模式也許可以將一個市郊地段變成新樞紐，意義就比吸引單一套當紅劇集的劇組更大了。

對於在這類資產工作的白領來說，就好像回到了以前那種連廠房的寫字樓模式，可以輕易造訪自己行業的前線工作地方，溝通更為快捷。而且有了群聚效應，各上下游公司都在附近，往來亦會更迅速。

疫情之下，居家工作似乎會在某些國家更為壯大，因此不少客戶都在問寫字樓的投資策略。在香港或新加坡一類大城市，似乎仍有足夠需求維持寫字樓需求。但在其他城市，也許這類連接前線廠房的寫字樓會比起市中心的更能保障需求增長。

商用實驗室需求與日俱增

近年討論投資新科技，往往都會忽略了生化科技。現代醫藥對人類社會的影響力，絕對不低於資訊科技。香港的人均壽命，就由1967年首次超越了70歲，上升到2017年的84.68歲。

投資界少討論，也許是因為藥廠股非常難炒。他們的表現往往由新藥研發所主導，如非在生化實驗室待過，不容易明瞭各研究項目的實際進程，當炒藥股的難度不低，就容易被市場忽略。

但是最近開始流行商業實驗室買賣，也許就提供了途徑讓投資者間接持有醫藥相關產業。像波士頓的南海港區，近年就重新發展成臨海的商業區，其中就包括了專門給大型藥廠使用的甲級商用實驗室。

實驗室有如其他新型資產，雖然源自於傳統資產，但又有自己的特殊要求。例如大學時候有朋友是讀生化系，她的實驗室就在鐵路旁邊，有時候列車經過所造成的微震就會影響了實驗，結果不能作準。因此，甲級實驗室對防震，以及溫度、濕度都有要求，

提供實驗室需要的環境就是地產業主的責任。

另外,藥廠亦是大企業,除了在實驗室的科學家之外,亦聘用了一大個白領團隊,因此在實驗室旁邊建設甲級商廈是個雙贏方案。對租客而言,大部分員工在同一條街辦公將可更有效管理。對業主而言,實驗室旁的甲級商廈亦更容易出租,增加整個項目的收入。

第三章

房託新地區趨勢

1/ 以 REIT ETF 分散投資

以當地戶口購買追蹤紐約、倫敦、東京股市的ETF，不失為暫時增加海外資產的方法。例如香港的盈富基金（02800）追蹤的是恒生指數，當投資者希望投資本地股市，卻又無暇親自選股的時候，投資盈富基金就是增倉的辦法。

外地ETF發展成熟

當年亞洲金融風暴，港府入市大手買入港股，由於經濟環境不佳，政府一旦買入了，不容易直接在股市出售，否則很容易出現另一次人為股災，因此港府將股票注入基金，再將基金在市場發售，就變成了盈富基金。時至今日，對大部分人而言，盈富是一籃子投資港股最自然的選擇。

至於海外市場沒有「入市打大鱷」的歷史原因，所以ETF都靠私

營，選擇就更多了。例如倫敦的富時100指數ETF，某著名網站就列出了8隻，當中最小的一隻資金管理額是400萬英鎊，最大一隻則有76億英鎊，規模完全不一樣。但是兩者的回報率分別不太大，相差約0.5%。

外國的ETF市場，可以3個模式分類。

1. **基礎資產。** 盈富或其他指數基金屬於股市類基金，但ETF亦可以包括債券、商品、外滙等。部分對我們香港投資者來說，因為香港金融制度發達，也許需求不大。

以ETF的基礎資產分類

股票基金

債券基金

商品基金

外滙基金

地產基金
（現代變成了
房託）

其他基金

2. **管理策略。**指數基金沒有基金經理操盤，持貨以指數成份股為本，這類基金只會在指數換馬的時候同時換馬。外地亦有主動管理的ETF，背後有基金經理操盤，這跟其他傳統基金的差別較少，主要分別是投資者的進出場途徑。傳統基金也許需要向銀行或保險公司下單，投資者需要填妥一堆表格，但是ETF則只需要用股票帳戶從股市直接購買，比較簡單。

以管理方法分類

3. **投資策略。**正常的ETF是長倉基金，背後資產升值則ETF亦升值。近年亦有一些淡倉基金，背後資產貶值，ETF才升值。另

外，亦有ETF會特別關注某些行業或某些海外市場，向投資者提供更多的方法去「炒市不炒股」。

以投資策略分類

行業基金

海外市場　　淡市基金

如何選擇指數ETF

指數ETF的回報率接近並非意外，因為大家都盡量以接近所追蹤指數的回報為目標。每次指數宣布換馬，指數ETF就需要同時換馬，以維持貼近指數的目標。曾經，指數基金的策略是在換馬當天，集中在接近收市時候交易，令交易價盡量貼近當天的收

市價。但當指數基金的資本漸多，集中在臨收市交易反而人為地推高了交易量，製造了人為價差，變成了其他人的「尋租」機會。

所以現在的指數基金都未必會集中在收市前交易，不同指數基金的表現就往往源於交易策略的差異。反而以前投資者最關注的基金收費，在海外市場因為競爭大，基金收取價格分別不大，對投資結果影響不算明顯。

如何處理收回來的股息，則是指數基金另一個分別。部分基金會將股息派出，變成了投資者的現金收入。對於有現金需求或者希望每季再平衡的投資者，這是比較方便的做法，可以自行決定股息變成現金後的用途。另一個做法則是將股息繼續按指數比例繼續買入成分股。長遠而言，自動再投資的ETF長期回報會稍高，對長期投資者會比較方便。

正因為股息處理方法服務了不同的投資者，因此沒有單一正確的做法。指數基金一般都會列明策略，部分甚至會將策略寫入基金名字之中，方便投資者選擇。

ETF炒市不炒股

盈富基金代表了整體恒生指數，海外市場則會有分類指數的ETF。像美國的S&P 500指數現時有11個行業分類指數，有 ETF

營運商為每一個行業開設了分類指數 ETF。其中一家公司的整套配對如下。這裏的 XLRE US 就是地產股指數，八成以上都是房託。另外亦有一些 100% 房託的 ETF，由當地大型 ETF 承辦商開設，投資者亦可考慮。

指數基金編號	應對分類指數
SPY US	S&P 500（全個指數）
XLRE US	S&P 500 地產股指數
XLC US	S&P 500 通訊股指數
XLY US	S&P 500 非必須零售股指數
XLP US	S&P 500 必須零售股指數
XLE US	S&P 500 能源股指數
XLV US	S&P 500 醫療股指數
XLI US	S&P 500 工業股指數

指數基金編號	應對分類指數
XLF US	S&P 500 金融股指數
XLK US	S&P 500 科技股指數
XLB US	S&P 500 原材料股指數
XLU US	S&P 500 公用股指數

有行內前輩曾説,不少對沖基金的基金經理首次用ETF,往往都是用於醫藥股。個別醫藥股能否炒上,在乎於藥廠開發新藥的速度。現代研發藥物需要幾輪測試,有時候新藥又會對其他病症有效,例如威而鋼本來是心臟病藥。因此,只希望炒作醫藥股整體趨勢的基金經理就自然會買賣醫藥相關的ETF。對我們散戶來説,也許投資行業ETF也是一樣。

又例如,疫情下各國戲院都停業了,造就Netflix等月費制串流服務的實際使用小時數大升,也許未來娛樂業都靠月費制營運。在S&P 500 通訊股指數之內有好幾家公司都在競爭這個市場,但是到底鹿死誰手亦未可知,購買通訊股指數的ETF,就無論最後誰跑出,投資者都能受惠。

房託ETF有效收租

房託世界亦有類似競爭，處身海外，我們不一定能迅速了解城市和城市之間或者資產和資產之間的競爭。例如，投資紐約和洛杉磯等一線大都會一直都是良好策略，但是要尋找最高回報，就要找出發展迅速的二線城市。

對亞洲的投資者而言，也許是首次認真考慮分散投資到海外市場。當投資者處於分散投資的階段，重點是迅速將資金投資到目標市場，未必有能力立即研究眾多海外股票。先以ETF分散投資，再慢慢換到自己有信心的個股，似乎收效較快，也比較容易落實。

而且房託ETF還有一個特點，就是房託的股息率遠較其他行業高。所以更可將房託ETF視為穩定收租的工具，只要地產市道穩步向上，房託ETF就有投資價值。由於現金收入是隨着持有時間累積，所以做了投資決定就宜盡快落實。ETF減少了分析所需時間，就令整個投資過程更為暢順。

Vanguard Real Estate Index Fund ETF （VNQ US）

上市地：美國

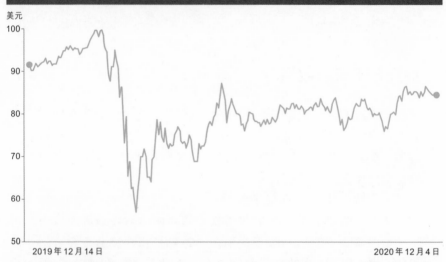

美元

2019 年 12 月 14 日 — 2020 年 12 月 4 日

最近幾次派息		基本評語	
2020 年三季息	每股 0.5901 美元	這隻ETF持有MSCI US Investable Market Real Estate 25/50 Index 內的房託。	
2020 年次季息	每股 0.7586 美元		
2020 年首季息	每股 0.6479 美元		
2019 年年終息	每股 0.9569 美元		
2019 年三季息	每股 0.744 美元	資產規模	
2019 年次季息	每股 0.8274 美元	資產淨值	美元 586 億
2019 年首季息	每股 0.6159 美元	股票數目	約 180 隻

2/ 美國：房託就是
主流地產股

美國城市是低密度發展，所以住宅發展商興建的都是單幢屋，所需資金有限。當地最賺錢的發展項目，經常是類似初次開發的業務，由「發展商」購下農地，將之分割成小塊，再建築道路和水電煤，然後就賣斷給小業主。有時，發展商預先代小業主聘下了建築師和承建商，事前完成了獨立屋設計，小業主表面上看到的是一條龍服務，實際上只是他們一次過完成了購買土地和任命承建商等交易。發展商在過程中並不需要投入資金，所以再大的開發項目，100幢屋也往往幾千萬美元就可以完成。所以，亞洲模式的大型發展商甚少在美國出現。

而且，在土地供應不缺的城市，開發成功的重點就在於由農地改變為住宅或商業用地的過程。美國發展土地的權限掌握在基層政府的手裏，因此不少二三線城市都會有地頭蟲式的土地開發商，由市長到市議會，整個市政府都認識，所以就更沒有空間造就出

大型發展商。

由於住宅物業由小型發展商主導，美國上市的地產股主要集中
在商用物業，又因為美國房託擁有稅務優惠，所以傳統收租
股早就更改架構變成了房託。於是，所謂美國地產股，其實
八九成市值都是房託。例如S&P 500所有股票中，房託佔了
2.33%，所有非房託的地產股則佔了0.07%，所以房託是整個地
產板塊的97%。

	佔 S&P 500 總市值比重	佔地產板塊的比重
房託	2.33%	97%
非房託地產股	0.07%	3%

來源：彭博

在這些非房託的地產股之中，又以測量師行為主。我們在亞洲都
熟識的CBRE和仲量聯行就是這個板塊中的龍頭股。在香港，業
務最接近測量師行的就是仲介行，不過香港式仲介行的業務沒有
測量師行那麼多元。

誰主白宮反而影響較小

近年分析香港股票，地緣政治變成了重要因素，香港是個開放的小型經濟體，大部分實體行業都依靠國際貨流暢順運行。我們的股市又久為國際資金所關注，因此國際資金流向和投資活動亦影響香港股市估值。但是在外國，分析政治通常都是因為某項政策變動直接與行業相關，例如之前討論過的各式基建，道路是否擴建、如何擴建等都完全主導了基建信託的發展，因此就極需要了解每級政府的權限。

研究美國政策需要了解當地各級政府，雖有從屬關係，但卻各司其職，聯邦政府未必能主導每一個行業的發展。之前討論過的土地政策就是地方政府的職責，聯邦政府或能提供像稅務優惠等高層次政策，但是卻不能主導某一城市某一地皮的發展。

在基建範圍，這個分野就更見明顯。例如，美國土木工程師學會每隔4年都會為當地基建做一份成績表，在2013年和2017年都只取得D+，勉強及格。該份成績表認為，美國道路系統日久失修，需要大量投資升級。美國基建得分低，一方面是因為該學會支持多建鐵路和巴士網絡等大眾運輸系統，以減少全國的碳排放量。不過，大眾運輸系統主要是得到民主黨支持，由共和黨當政則支持度不會高。

美國的道路系統是由各級政府各司其職，各自管轄，所以道路融

資非常複雜。直接由聯邦政府管理的州際公路一般都打理妥善，但佔比非常少。州政府管的州內公路也不會太缺錢，因為州政府的稅基健全，融資比較靈活。現時最大的投訴是地方政府一層，由其負責的城市周邊公路經常塞車，浪費市民時間之餘，亦浪費了能源。土木工程師學會就認為單單在2015年，道路系統不足就浪費了1,600億美元生產力。

有時候在亞洲看美國新聞會見到一段一段爛路，要不就是石屎剝落，要不就是地陷。這些主要都是城市道路，屬於資源最少的地方政府所管。就算紐約、波士頓等美國東北名城，財政狀況較佳，道路情況亦不理想。這是因為溫帶地區冬天下雪，不論是以推土機還是溶雪鹽處理都會縮短道路壽命。近年經常上報的爛路，往往就是美國東北一帶的城市道路。

美國道路系統又一直以汽車燃油附加稅為融資方法，本來這與道路使用量掛鈎，理論上尚算公平。但是隨着汽車耗油量不斷降低，每1元附加稅的駕駛距離卻增加。再加上附加稅在1993年調整之後，已經接近30年未曾調整，計入通脹的話，現時收入下跌得更快。

當然，因為電動車科技已經成熟，各車廠都準備增產，因此假如現階段提高燃油附加稅，只怕令電動車更吸引，進一步加快汽車業改朝換代。這對環保減排是好事，但卻會淘汰美國現時的基建融資方法。

基建信託近年獲得政府支持，變成另一種基建融資方法。但因為在美國，連道路也會按重要性分別受不同層級的政府所管轄，因此要分析道路信託，就需要先了解誰是主管的政府機構。同樣道理，聯邦政府未必有興趣和能力去規管高爾夫球場或監獄，所以分析的時候就更需要了解誰在管理。

上面以道路做例子只是因為政府分野明確，還容易解釋。一旦牽涉到由非傳統資產構成的房託，政府取態也會影響發展，就更加複雜了。

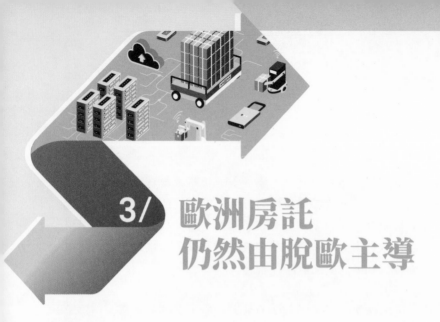

3/ 歐洲房託
仍然由脫歐主導

歐洲和世界其他地方一樣,在2020年經濟受到肺炎疫情拖累,其中在第二季出現第一波疫情之後,各國都有封關封城措施,因此整個歐盟的 GDP 按季下跌了11.4%。第三季疫情緩和,GDP則按季反彈了12.1%。因此,2020年投資歐洲股票,也離不開本書一直討論的新舊經濟之爭。

不過煩擾了歐洲幾年的英國脫歐,仍然是歐洲中長期經濟的最大變數。一方面,即使在死線前終於落實了有協議脫歐,但英國毗鄰歐盟,雙方經濟交往必須持續,如何落實協議充滿了變數。現時英國出口貨值之中,超過四成是售往歐盟;而歐盟出口之中,則有15%是售往英國。因此,當貨物通關手續繁瑣了,有協議脫歐也會對兩者造成經濟損失。在2020年聖誕前夕,因為英國出現變種肺炎病毒,所以法國一度單方面封掉連接兩國的陸路口岸,封關只是幾天已經足夠影響了兩國的物流系統。

討論歐洲房託，其實有一半市值是英國房託。除了日本之外，全球的主要房託市場都是普通法系國家，包括美、加、澳、紐等西方國家，亦包括新加坡、香港以及印度等因為歷史原因而沿用普通法的亞洲國家。作為普通法的龍頭，英國房託主導了歐洲市場，其實也不意外。

對於本書讀者而言，與其蜻蜓點水地描述歐洲所有的房託制度，倒不如集中討論英國房託，也許更能幫到讀者找到三兩隻投資目標。當然，落實脫歐後的英國，所受到的影響當然會比歐盟深。

不是已經脫歐了嗎？為什麼還在討論脫歐？

英國是在2016年通過脫歐公投，並在2020年底死線之前達成分手協議。雙方4年談判的爭議點一個是愛爾蘭和北愛爾蘭之間的邊界問題，另一個則是英國脫歐之後，如何在保有最大的自主權的同時，可以繼續維持和歐盟的經濟關係。歐盟境內的成員國可以做到物流人流自由來往，是因為不少商業及勞工法律都由歐盟決定，再交由各國通過法律執行。例如香檳之所以為香檳，在歐盟法律下，是按傳統方法在法國香檳區所出產。就算有澳洲或美國的酒廠掌握了釀製技術，他們所釀製的酒在歐盟境內也不可以稱為香檳，而只可以稱為氣泡酒。

完成脫歐之後，英國如何維持和歐盟最深的貿易關係，而同時保有政策和法律自主，就是整個談判最難的一環。因為現代法律規

管地方眾多，所以英國不能保有法律自主的話，諸如勞工權益等，看似和貿易關係不大的政策範圍都仍然會受歐盟控制。

所謂「無序脫歐」，就是雙方變成「世貿關係」，英國只是歐盟旁邊的一個沒有交集的經濟體，英國可以保留幾乎所有法律權利，但在貿易上也不會享有任何特殊待遇。由於這會打擊雙方經濟，並非主流社會所樂見。因此在2021年元旦死線前夕，雙方還是達成了協議。

按雙方披露的協議內容看，似乎英國大致從歐盟爭取到所需要的讓步。英國最大的得着應該是法理上完全脫歐。歐盟本來希望在脫歐之後，雙方的法律問題仍然由歐盟法庭裁決，但正如上面分析，假如歐盟法庭仍能管轄這些訴訟，只怕英國將來在不少法律問題上仍有各式風險。因此，最後的協議是不透過歐盟法庭解決紛爭，而改為歐英雙方共同任命的仲裁人解決，這方案可令英國保有政策自主。

而作為交換條件，英國同意延長歐盟漁民到英國海域捕魚的過度期。漁業是英國文化象徵，因此惹來了一些不滿，但是漁業只佔英國經濟的0.01%，因此以此為籌碼交換其他政策亦不過份。

英國與其他國家的貿易談判進度如何？

2016年公投之際，脫歐派其中一個賣點就是脫歐之後，英國可

以和歐洲以外的國家單獨簽定貿易和其他合作條約。而當中最吸引英國保守派的，就是可以和加拿大、澳洲以及紐西蘭3個仍然尊英女皇為國君的國家結合成類似歐盟的組織，讓物流、人流、資金流在4國之間自由流動的「超級英聯邦」。這個又稱CANZUK的聯盟，早在1967年已經有人提出，以2020年底人口計算，有超過1.3億，GDP超過6萬億美元（世界銀行2019年的數字），超越了日本而成為全球第三大的經濟體。

這一年來，這個概念仍處於倡議階段，期間又備受熱議的「五眼聯盟」，其實就是CANZUK再加美國。美國對人員自由流動的協議興趣不大，所以「五眼聯盟」未必會直接變成經濟聯盟。但這5國在國防和外交等合作愈來愈多，也許會令CANZUK談判更容易展開。因此，要觀察英國未來的經濟走勢，除了觀察脫歐後英國與歐盟的關係，亦要觀察英國能否和其他主要經濟體達成其他經濟協定，在歐盟之外找到新機會。

在2020底，英國簽了約30個脫歐後的貿易協定，而當中僅有7個貿易價值是超過100億英鎊。數目尚少，因為像美國、澳洲、紐西蘭等地方，現時只簽了貨物互認，並未去到貿易協定。而且，部分國家也許仍在觀望脫歐後的英歐關係，再做決定。

這7個貿易協定之中，只有日本的協議是新協議。其餘6個都只是「業務持續協議」，主要是確認了在2021年1月1日後，英國和對方簽署國仍然採納原來歐盟和對方的協議。不過，加拿大和

英國的協議寫明是臨時協議，雙方都有意願繼續討論。挪威和冰島屬於歐洲自由貿易聯盟，英亦和該4國聯盟談判，如果簽署協議則可能會取代現有的業務持續協議，所以這2國的協議雖沒有叫做臨時協議，實際上也可看成臨時協議。

英國在2020年底所簽署而貿易額超過100億英鎊的協議

業務持續協議	臨時協議	全面合作計劃
瑞士 新加坡 南韓 南非關稅聯盟（SACUM） 挪威/冰島	加拿大	日本

來源：英國政府網頁

英國是世貿成員國，假如脫歐後英國和貿易夥伴談不出任何協議，雙方關係就會倒退到世貿協議。而英國政府顯然是明白這點，所以才會與加拿大及挪威等國簽署可能會被取代的臨時協議。因此，在研究英國未來幾年的經濟時，就需要關注這些貿易協議如何演化，最後能否變成脫歐派所宣傳的，讓英國和歐洲以

外國家發展出更深的關係了。

英國房託是置地、太古轉型而成

廿年前投資英國地產股，龍頭股就是英國置地（British Land）。今天買英國房託，英國置地仍然是富時100的成份股。不過，英國置地改了制，變成了房託。這情況就猶如香港的置地或太古改了法律架構，變身成房託。而且，英國置地擁有倫敦2,000萬呎的寫字樓，剛好和香港置地在中環擁有的寫字樓組合規模差不多，就更見巧合。

和美國一樣，英國的地產股市場已經是由房託所主導。今天英國富時100指數之中只有3隻地產股，而它們全數為房託。倫敦是金融中心，又是英國的文化、旅遊中心，所以寫字樓和商場等傳統物業都受到追捧。英國的三大房託，都以倫敦為主要基地。

	市值 （10億英鎊）	倫敦資產 佔投資組合中比重
Segro PLC	15.77	40%；另有15%在泰晤士河谷
Land Securities	7.05	接近100%
British Land	6.42	55%為倫敦寫字樓； 其餘45%是商舖，亦主力在倫敦

來源：彭博、安泓投資、公司公告

英國富時250指數是倫敦股市之中，市值排行第101至350的公司。在這個組合之中，地產股有24隻，也是房託比重較高。如果連同富時100之內的三大房託計算，房託在英國主要地產類別股票的市值佔比超過了八成半。

	流通市值 （10億英鎊）	佔市值 總市值比重	佔地產板塊 的比重
富時100的 三隻房託	22.8	1.20% （富時100）	35.8%
富時250的 房託	32.1	7.30% （富時250）	50.5%
富時250的 發展商及收租股	8.7	2.01% （富時250）	13.7%

來源：彭博、安泓投資

British Land Company PLC（BLND LN）上市地：英國

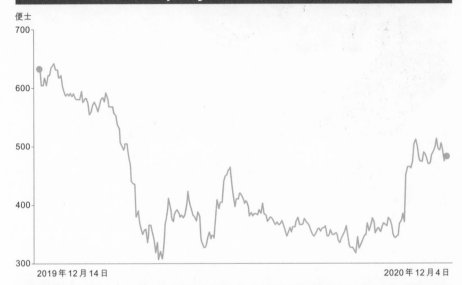

便士

700

600

500

400

300

2019 年 12 月 14 日 ～ 2020 年 12 月 4 日

最近幾次派息		基本評語	
2020/2021 年 中期息	每股 8.40 便士	由曾經是英國最大收租股改制而成的房託。資產組合之中，包括 55% 為倫敦寫字樓；其餘 45% 是商舖，亦主力在倫敦。	
2019/2020 年 年終息	暫停		
2019/2020 年 三季息	公布後取消		
2019/2020 年 次季息	每股 7.9825 便士		
2019/2020 年 首季息	每股 7.9825 便士	資產規模	
2018/2019 年 年終息	每股 7.75 便士	資產總價	英鎊 103 億
2018/2019 年 三季息	每股 7.75 便士	資產組合 樓面總面積	2,270 萬呎

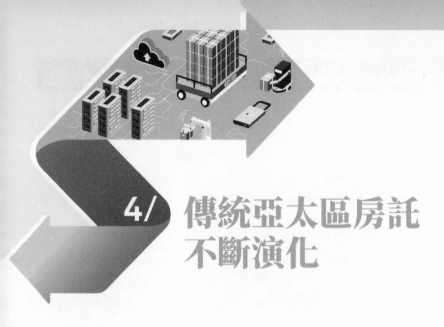

4/ 傳統亞太區房託不斷演化

幾年前我剛開始代表公司面對公眾的時候，經常會說亞太區房託是巧合地三分天下，即三分之一澳洲、三分之一日本，再三分之一新加坡、香港和其他亞洲國家。到了今天，日本的比例已經增加到四成半，而新加坡亦由佔全亞太區11.7%上升到16.3%，澳洲和香港則比重下降，其中澳洲的下跌幅度比較大，由2015年底的37.9%下降到2020年底的29.6%。

當然，澳洲和香港的比重下跌，並非因為兩個市場沒有發展，例如在 GPR 指數內的澳洲房託總流通市值，就由2015年的738億美元上升到803億美元，而香港也由168億美元上升到207億，升幅達到2成。但在同期，新加坡房託的市值由231億美元上升到445億美元，升幅幾近一倍。日本則由763億美元上升到1,231億美元，市值增加了接近500億美元。因此，在比重上日本和新加坡就變得重要。

各經濟體佔亞太區房託比重（2015年底）

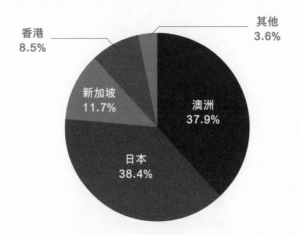

其他
3.6%

香港
8.5%

新加坡
11.7%

澳洲
37.9%

日本
38.4%

各經濟體佔亞太區房託比重（2020年底）

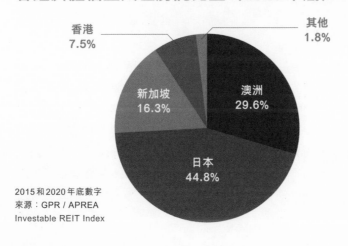

其他
1.8%

香港
7.5%

新加坡
16.3%

澳洲
29.6%

日本
44.8%

2015 和 2020 年底數字
來源：GPR / APREA
Investable REIT Index

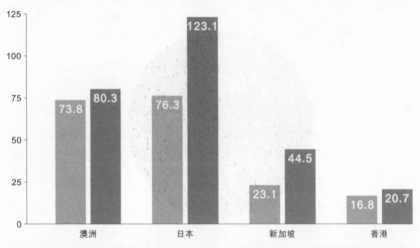

指數內房託總流通市值（10億美元） ■ 2015 ■ 2020

	澳洲	日本	新加坡	香港
2015	73.8	76.3	23.1	16.8
2020	80.3	123.1	44.5	20.7

2015和2020年底數字
來源：GPR / APREA Investable REIT Index

上述幾個市場的發展道路並不一樣，香港的市值增長主要來自股票（尤其是領展）的股價增幅，新股上市的數目不多。其他3個市場的上市活動就比較多。另外要發展，不外乎3個策略。

1. 收購和本業同質素的產業。 日本新上市的房託雖多，但暫時仍以幾個發展成熟的資產類別為主。由於日本始終是世界第三大經濟體，而且一直以高密度模式發展，因此可投資級別的資產亦不少。

2. **投資其他經濟體。**新加坡在過去10年，就發展了不少海外資產房託。

3. **發掘新資產。**這個方法我們在第二章便詳述了發射塔以及學生宿舍等新類別，澳洲近年減少了拓展海外房託，就集中在發掘新的房託資產組合。不過，這個方法似乎最適合新股上市，因為房託或地產股轉型，牽涉先買新目標資產，再賣現有組合資產。尤其地產世界消息通天，在轉型後求售現有資產，只怕潛在買家都會因此壓價，所以房託轉型只怕比其他行業更難。

日本是亞太區最大房託市場

截至2020年底，日本一共有69隻上市房託，市值超過1,200億美元，是繼美國之後全球第二大的房託市場。因此，分析日本房託的資產類別變化，也許就能佐證美國房託的多元資產發展是否獨有案例，還是房託市場成熟後的自然演化。

2020年因為疫情關係，日本並沒有房託上市。在2017年至2019年3年期間則有以下9隻房託上市，當中最小的只有340億日圓的資產，到最大的有1,420億日圓，都比龍頭 Nippon Building Fund 的 11,760億日圓少，但這亦代表了當地資本市場，容許小型房託上市。

這9家房託的資產類別很多元，當中有一些很傳統的綜合房託，在寫字樓以外亦有商場、住宅和酒店等，但亦有專營物流或酒店

上市日期	房託名稱	資產組合	資產總收購價（10億日圓）
2019年12月10日	SOSiLA Logistics REIT,Inc.	100%物流	78
2019年03月12日	SANKEI REAL ESTATE Inc.	81%寫字樓；19%酒店	72
2019年02月13日	ESCON JAPAN REIT Investment Corporation	100%民生商場（包括約一半是不含地權的土地租約）	52
2018年09月07日	ITOCHU Advance Logistics Investment Corporation	100%物流	98
2018年07月27日	Takara Leben Real Estate Investment Corporation	54%寫字樓；其餘為商舖、住宅、酒店等	85
2018年02月15日	XYMAX REIT Investment Corporation	52%寫字樓；其餘為商舖、住宅、酒店等	34
2018年02月07日	CRE Logistics REIT,Inc.	100%物流	92
2017年09月14日	Mitsubishi Estate Logistics REIT Investment Corporation	100%物流	142
2017年02月07日	MORI TRUST Hotel Reit,Inc.	100%酒店	109

來源：公司公告、Japan Exchange Group

的選擇。日本是在15年前左右積極開發物流資產，所以到了今天陸續上市並不意外。除了以上幾家新物流房託之外，當地亦有一批約10年前上市的物流房託，加起來有接近10隻。另外，這個組別裏面亦有一隻民生房託，吸納了鐵路旁邊服務民生的商場資產，這個策略有點10年前領展的味道，疫情之中亦能維持開店。

分析日本房託，如果只是為了分散投資，當然可以考慮當地ETF或幾隻龍頭房託。但是因為房託數目較多，願意做功課的話，不少小型房託都有自己的優點，值得慢慢發掘。

新加坡變成了國際投資者

美國和日本都是經濟大國，以GDP計是全球第一及第三大經濟體。以人口計，美國有3.2億，日本則有1.2億，所以對各類地產的需求亦較高。兩國發展房託制度，可以集中收購國內資產。專注國內資產的好處是理論上管理層有經驗和人脈去發掘價值，而且各類制度優勢都比較容易落實。

但是亞太區其餘3個房託市場人口都不算多，經濟規模有限，因此只投資在境內反而會處處受制。香港股市因為它固有的融資上市特點，有一些中資房託，反而這方面限制較少。但是新加坡和澳洲則更有誘因去發展海外資產房託。

所以經過幾年的發展，現在只持有新加坡資產的新加坡房託反而是佔了少數。下圖顯示，在現有38隻新加坡房託之中，只有6隻是只持有新加坡資產，另外有20隻是混合了新加坡本地和海外資產，18隻則是只持有境外資產，用所有新加坡房託的資產總值算，我公司內部的估算是大約四成為海外資產。

新加坡房託資產來源地（以房託數目計）

■ 只持有新加坡資產　　■ 同時持有新加坡和境外資產　　■ 只持有海外資產

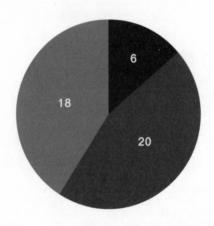

要投資這些新加坡上市的海外房託，首先要了解資產來源是什麼地方，因為房託的基本面是和資產所在地掛鈎。這點應該不難理解：香港上市的中資股，基本面也是跟實際做生意的地方掛鈎。

第二則要了解稅制安排，新加坡和不少地方有稅務條約，所以部分持股架構之下，雖然是新加坡上市的房託，但是卻仍有一定的稅務優惠。例如當地有一隻宏利美國房託（Manulife US REIT），就可以做到新加坡上市、持有美國資產，但稅負極低。能做到這類結構的房託，也許前景就會比較明亮。

在前作《這些房託值得買》內，我也討論過管理層應該如何管理境外資產。當時的結論如下：

1. 部分房託成為了跨國房託，雖然涉足海外，但只限於三兩個自己熟識的市場。用已經退市的Westfield為例子，因為它是澳洲房託，但只投資在澳洲、美國和英國。香港的領展也是一樣，雖然進軍海外，但只集中在幾個市場之中。

2. 部分資產日常營運簡單，則可以在更多海外市場立足。以往的主要例子是物流資產，到了今天則可能包括數據中心。酒店是全幢委託營運商管理，也可以算是此類。

澳洲集中投資境內新型資產

澳洲房託在過去幾年亦有不少改變，曾經長期佔當地房託市值三四成的Westfield，隨着創業的Lowy父子退休，就逐步退市了。在2014年，Westfield 將自己一分為二，業務非常穩定的

澳紐組合分拆成Scentre，而剩下的海外業務則變成了Westfield Coporation。到了2017年底，法資的Unibail 更提出了收購建議，最終在2018年6月收購了 Westfield Corporation。以收購完成前夕的收市價計算，Westfield的市值是約180億澳元，佔了當時澳洲房託約800億澳元總市值的兩成。雖然合併後的 Unibail-Rodemco-Westfield 仍有在澳洲第二上市，但是一般指數都將它歸入了歐洲大陸房託。因此，Westfield 被收購是這5年來澳洲房託市值增長較少的原因。

澳洲房託近年亦逐漸多元化。近年生意愈做愈大的Charterhall系，則在2016年推出了標榜長租約的 Charterhall Long Wale REIT。在2017年之後，當地有6隻新房託上市，其中3隻是民生商場，更有一隻是農業資產為主。因此，澳洲的發展亦開始變得多元化。

上市日期	房託名稱	股票編號	類型
2020 年 11 月	HomeCo Daily Needs REIT	HDN	民生商場
2019 年 11 月	Primewest	PWG	綜合
2019 年 10 月	Home Consortium	HMC	民生商場
2019 年 5 月	Investec Australia Property Fund	IAP	綜合
2018 年 8 月	Vitalharvest Freehold Trust	VTH	農業
2017 年 7 月	APN Convenience Retail REIT	AQR	民生商場

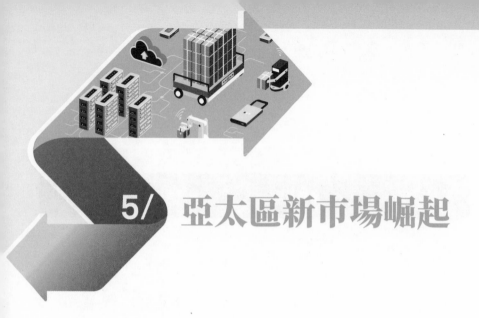

5/ 亞太區新市場崛起

台灣房託

在前作《環球房託砌出現金流》，我寫過台灣房託在經歷了幾年的沉靜期之後，在2019年有2隻新房託上市。雖然之後未有其他新房託上市，但似乎當地對這類資產的需求亦逐漸升溫。例如2020年新推出的房託基金的反應都不錯。

	台灣房託數目	台灣房託平均市值 （以億新台幣計算）	台灣房託總市值 （以億新台幣計算）
2020年 12月31日	7	179.9	1,259.0
2019年 12月31日	7	166.8	1,167.4
2018年 12月31日	6	128.3	769.8
2017年 12月31日	5	120.5	602.5
2016年 12月31日	5	135.2	676
2015年 12月31日	5	143.5	717.5
2014年 12月31日	6	129.7	778.2
2013年 12月31日	6	137.0	822.0
2012年 12月31日	6	127.6	765.6

	台灣房託數目	台灣房託平均市值（以億新台幣計算）	台灣房託總市值（以億新台幣計算）
2011年 12月31日	8	91.9	735.2
2010年 12月31日	8	77.7	621.6

來源：彭博、安泓投資

日本是亞洲第一個高齡化社會，2010年就出現了日本散戶所投資的幾隻共同基金，基金總投資額一度達到了全球房託市值的1成。因此，隨着各經濟體出現人口老化，房託基金的吸引力也愈來愈高。

中國的泛房託提議

中國在2020年4月公布了房託政策文件《關於推進基礎設施領域不動產投資信託基金（REITs）試點相關工作的通知》，似乎真的有政策將房託制度落實。根據當地傳媒報道，市場人士認為中國房託的總資產規模可達6萬億人民幣，所以吸引了各方關注。

這份文件最特別的地方，是它將不少基建列在其中。當然，正如

上一章所討論，房託納入部分基建，已經是海外常態。不過，現有文件所包括的基建更為廣泛。以下是將文件所列的各類資產，按現時海外的資產類別分類。

成熟地產資產	新型地產資產	基建信託常見資產	新型基建信託資產
倉儲物流 新興產業集群 高科技產業園區 特色產業園	信息網絡	收費公路	水電氣熱 城鎮污水垃圾處理 固廢危廢處理

來源：《關於推進基礎設施領域不動產投資信託基金（REITs）試點相關工作的通知》、安泓投資

上面可以看到，這些資產例如各種產業園區和物流倉，在海外已經廣為房託界所接受。信息網絡中的鐵塔和數據中心，以及收費公路等交通資產，亦在過去幾年逐漸為投資者所接受。其他的基建主要都是圍繞城市發展的市內基建服務，雖然在海外先例甚少，但要落實亦不難。

分散投資房託 可留意印度

印度在近兩年，已經有4隻房託上市，現時4隻房託都集中在寫

字樓資產，這亦是其他經濟體的房託發展軌跡。相對其他資產類別，管理全幢寫字樓比較簡單。但是因為寫字樓的質素往往和它的大小掛鈎，因此甲級寫字樓往往以十萬平方呎起跳，加上寫字樓呎價高，所以全幢寫字樓的總價值亦高，需要穩定長遠的融資策略，房託融資架構穩定，就適合吸收優質的寫字樓資產。因此，以寫字樓房託試水，似乎是不同經濟體發展房託制度的普遍策略。

自1990年代開始，印度就開始發展各種外判服務。因為當地有足夠的英語人口，所以一開始只是接下了電話服務等相對低端的外判服務。但是經過30年的發展後，外判服務已經變得多元化，亦生產了以百萬呎計的寫字樓需求。

因此，印度或有望成為澳洲、日本、新加坡及香港之後，亞太區第五大的房託市場。印度是在2014年通過房託法規，但由於中間等待政府落實監管制度以及其他準備時間，所以延至2019年才有第一隻房託正式上市。然而，印度始終是巨型經濟體，一旦落實制度，總量很快就追上台灣、紐西蘭和馬來西亞等小型房託市場。

不過，在印度有自己的房託市場之前，早就有持印度資產的房託在新加坡上市。當然，跨境房託牽涉的法律和稅務問題較本地房託複雜。在其他經濟體，房託一般都有稅務優惠，但是稅務優惠是否適用於海外資產，就會因為資產所在地的稅法而有所不同。

部分更牽涉到上市地和資產所在地之間的稅務協議。因此，往往是特定的上市地／資產所在地的組合，才會適合發展跨境房託。

再者，總量夠大的經濟體往往希望有自己的房託制度。一方面，本地房託可以照顧本地投資者。尤其是亞洲諸國的退休群體都在增長，政府亦有誘因讓普羅大眾投資本地房託，讓租金變成退休收入的一部分。另一方面，房託向地產界提供融資工具，將發展和營運地產分家，在仍需要城市化的經濟體可以增加地產開發的速度。

因此，雖然中國內地、印度及印尼都有當地資產在香港和新加坡上市為跨境房託，但是政府仍有誘因建立及完善房託制度。印度的經濟周期似乎和東亞地區與澳紐又有所不同。投資者要分散投資房託，也許印度逐漸值得留意。

第四章

房託新改革方向

1/ 房託法規 影響發展?

長久以來,亞太區房託主要集中在澳洲、日本、新加坡以及香港,當中香港只佔亞太區房託總市值的10%,是各地區最少。在其他市場,房託都佔了當地地產股市值四五成或更高的比重,相對香港房託只佔整體地產股不足10%,更顯得香港房託發展較慢。

不停改革才是王道

討論香港房託又長期集中在領展(00823),領展佔了全港房託市值的六成以上,又是恒生指數成分股。亞洲房託之中也以領展的市值最大,就算跟全球的商場房託相比,領展的市值亦是第二大,僅次於美國的Simon Property,這幾個因素加起來令領展的能見度遠比其他房託高。由於在香港或者新加坡沒有辦公室的環球基金或機構投資者往往只認識領展,因此當看好香港商業樓市

時，他們最快的投資策略是買入領展，這反而令香港房託市場發展更不平均。

2020年中證監會公布了新一輪的諮詢，並且在年底正式更新了《房地產投資信託基金守則》，主要改變了3點：容許房託收購資產的少數權益；容許房託投資超過總資產值的10%到發展項目之上；以及將槓桿率由45%放寬到50%。觀乎美國房託當年也經歷了三輪改革才迎來1990年代初的爆炸增長，香港再改房託制度反映房託發展得到政策支持，應為市場所樂見。

過去10年，領展因為資產項目夠多，所以可以靈活執行各種策略，每股盈利和每股淨資產值每年拾級而上。直至肺炎疫情爆發之前，市場都憧憬領展可以一直維持增長，估值也水漲船高，股價曾一度超越管理層報告的淨資產值。雖然那一刻管理層未有大規模集資，但是股價貼近甚或稍為超越淨資產值，本來就是優質房託的特徵，令他們可以在高位配股集資進行下一波收購。海外市場的大型房託愈做愈大，這個融資優勢不宜忽視。

小型房託難收購新資產

領展以外的一些小型房託因為基數細，策略就沒有那麼靈活，而且香港全幢物業市場的競爭又大，既有原來的龍頭發展商，近年又有來自各地的機構投資者，還有一些家族辦公室，房託沒有特別優勢，其實不容易投資新資產。

市場認為小型房託擴張步伐太慢，因此股價長期偏離每股的淨資產值，令小型房託融資更見困難，變成了「因為買樓難，所以股價低；因為股價低，所以買樓更難」的惡性循環。正因如此，任何政策改變要有效，就應令小型房託更容易收購新資產。

准購少數權益助增資產

香港地價貴，又一直以高密度發展，令每幢資產的單價都以十億甚至百億元計。房託理應運用資金優勢，集中投資散戶接觸不了的甲級資產，潛在投資標的價錢就更高。像冠君（02778）雖貴為香港第二大房託，以資產值論在全亞太區房託之中又排在中上游，但是他們只擁有兩幢資產。冠君要收購同級物業，令資產組合由2幢變3幢，資產值將上升五成，由項目分析到收購細節，再到安排融資都是巨大工程。

不過，假如可以收購資產的少數權益，並且不強求房託必須親自管理這些資產，資產幢數少的房託就可以更靈活。一樣只擁有兩幢資產，收購同級物業的兩成半權益，資產值只會上升12.5%，完全在合理範圍之內。

把營運經驗帶到資產設計

香港2014年房託制度第一次修改，房託可以投資總資產值的10%到開發項目上。房託有限度參與開發就可用另一個方式增

長，不需要完全依靠全幢物業的二手市場。房託都有自己擅長的資產類別，容許他們自行興建亦有利將營運經驗帶到資產設計之中，對全社會是好事。

2014年至今，香港所有房託之中，就只有領展在九龍東發展了半幢寫字樓。進一步放鬆10%的上限，再加上房託可以投資少數權益，應可令不少房託受惠。例如發展商興建住宅樓盤，房託便可以在樓花階段就收購連接樓盤的商場，又或者有基金在九龍東開發寫字樓，房託亦可注資買入例如兩成半的權益，這些策略都可以幫助中小型房託重拾穩定增長。

制度鬆綁讓增長潛力發揮

房託最大的特點，是法例規定必須將大部分或全數淨收益以股息形式派發。這個要求令房託派息率較高，又讓投資者可以自行再分配收回來的租金收入，本來是投資房託最大的優點，但這個要求亦令房託缺乏自然增長的新資金。房託要持續收購資產，一般都需要發行新股集資。亞太區其他3個經濟體的房託都有定期集資以投資新資產，之後房託管理層再以轉型、改裝、換租客等策略，逐漸提升資產價值。

但是，因為香港有些房託已經處身「買樓難、股價低、買樓更難」的惡性循環，所以放寬了投資策略亦未必有資金重新投資。稍為放寬槓桿率，其實就是給予現有房託融資機會以重新啟動增長，

基金界當然希望香港的房託市場可以做到百花齊放。綜觀其他市場能活躍地投資和融資的大型房託，少則三五隻，多則上十隻。香港現有十餘隻房託，這個板塊亦持有不少優質資產，除了收購困難之外，本來就具備了增長潛力。當制度鬆綁，應可刺激房託下一波的投資。

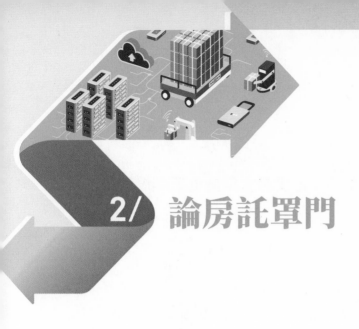

2/ 論房託罩門

坊間一直有説法，認為房託是派息高的工具，因此和利率週期背
馳，即加息會削弱房託投資價值。但是過去兩次加息期（2004
年-2007年以及2016年-2019年）證明加息期代表了經濟暢旺，
樓價和租金繼續上升，所以房託亦隨之造好。

房託最弱勢的，反而是加息期之後的危機期。像2020年亞太區
房託就錄得了負 3.7%回報，是5年來首次。當然，和其他股票
一樣，在疫情初襲的2020年3月，房託隨着整體股市大跌，曾
經大跌三成，究其原因應和拆倉潮有關。

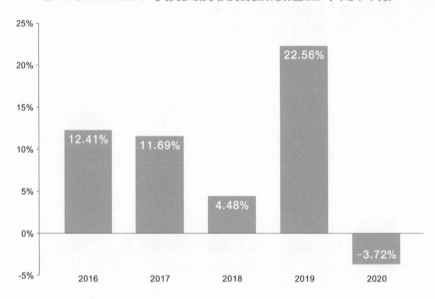

GPR/APREA 可投資房託指數最近五年總回報

2016	12.41%
2017	11.69%
2018	4.48%
2019	22.56%
2020	-3.72%

拆倉潮的因由：回購協議變出超高槓桿

買樓借按揭幾乎是每個人買樓的既定策略，按揭是普通散戶在正常情況之下，可以借到最大筆的資金，而買入的住宅單位就變成了抵押品。按揭出現問題，銀行可以收樓再拍賣，以取回大部分資金。因此，銀行可以將相等於工資數以十倍計的金額借出，而覺得風險可控。

金融市場也有類似機制，例如回購協議，就是借款方將持有國債售予銀行，但同時簽下協議，在短期之後用少量溢價將國債贖回。實際上，借款方就是抵押了國債借出短期資金。這跟散戶做按揭一樣是以有價值的資產向銀行貸款，當金融體制發展愈深，國債之外的其他穩定資產亦可用類似手法借錢。

回購協議原本是很普通的金融工具，各國央行都會用回購協議或逆回購協議，微調市場的資金規模，大戶亦會以回購協議去管理自己的資金帳增加融資的靈活性。

惟市場總有投資者會以這個手法借出超高槓桿。例如先買100元國債，然後以回購協議跟銀行A借錢。然後將從銀行A借到的資金買第二張國債，又以回購協議方式，從銀行B借錢。重複幾次之後，投資者就同時持有幾張債券，如果市況穩定便能賺取差價。但一旦市況逆轉，就會招致幾倍損失，假如資金鏈斷裂，投資者被迫斬倉，出現的沽盤便會是他原有資金規模的幾倍。

隨着金融市場發展，回購協議這類靠抵押來加大槓桿的操作不再限於國債。任何流動性高，有一定現金收入（例如股息）去償還利息，而且價格長時間在一定區間浮動的資產都可以變成抵押品。ETF和房託等工具亦具備了這幾個特點。因此，在拆倉潮之中，他們的短期價格亦難免受到影響。

房託在變局之中的危與機

房託亦是簡單透明的工具，背後就是有價有市的收租地產項目。因此，房託表現和樓價租金高度掛鈎。商業地產什麼時候最弱勢？就是整體社會出現金融危機之時。地產被列入「金融、保險、地產」一類，英語短稱剛好是FIRE，就是因為地產的長期走勢和金融市場的健康掛鈎。

房託幾次大幅跑輸大市，都是正值金融危機。上次金融海嘯，地產正處於風暴核心，因此房託跑輸大市並不意外。之前美國兩次地產下行，房託的跌幅相對溫和。當初設計房託的原意就是要模擬商業地產表現，所以這個罩門算是設計的一部分。

房託的集資能力令房託長期走勢有保證。因為在金融危機之時，房託股價固然受挫，但是房託乃上市工具，可以在市場低位逆市集資，成為市面上少有仍有購買力的地產投資者。因此，房託跌完之後，反彈亦來得迅速。美國的現代房託在1993年出現，就是因為1991年的小型銀行危機，令房託有機會集資收購。之後幾次衰退，都成了房託壯大的機會。

以總回報論，美國房託在過去40年合共有7次錄得負回報，有3次（1987年、1990年、2018年）都在次年追回失地。1998跌了一年，次年微跌，第三年則反彈至歷史新高。2007至2009年是歷史上跌得最深的時期，後來亦在3年左右追回失地。

房託能收回失地，固然受惠於地產市場回穩，但是房託亦有兩個特性可以自己復修。第一，房託受法規所限，必須將淨收入全數派出。而在金融危機之中，雖然市面的樓價和租金下跌，但是簽下的租約卻仍然有效。除非租客破產或租約到期，否則業主仍能收到租金，所以房託的派息率反而扯高。2007年至2009年一役，房託的實際租金收入就只下跌了10%左右，股息率一度破10厘。因此，就算市道回復稍慢，租金收入亦會逐漸回饋股東。

第二，房託都有管理團隊，不會坐以待斃。風暴中的弱勢房託，也許會善價而沽。在2010年，當時有45隻房託的日本市場，就出現7宗收購案，被收購方賺了收購溢價離場，收購方則壯大資產表。其他房託亦會各出其謀，諸如升級資產、重新定位等，盡量製造回穩後的反彈。

當然，房託並非萬能，投資者亦不宜只持有房託，而應將房託視為防守盤的一部分。機構投資者和部分家族辦公室眼中的現金流組合，都由債券、股票和地產三者組成。進取投資者則在這個基礎之外，再覓高風險、高回報產品，形成《息賺秘笈》之中所論及的啞鈴型投資組合。長期營運投資組合，亦需定期再平衡組合。實際上，再平衡是當板塊處於低位添注新資金。房託反彈快速，就很適合在低位再平衡。

3/ 房託也可多發債

機構投資者看地產投資，往往將板塊分為4份：私募股權、上市股權、私募債權以及上市債權。所以一眾地產股，尤其是以收租物業為主要投資的收租股和房託，是機構投資者投資地產的方法之一。

這個考慮最簡單的原因，是因為在部分市場優質地產供不應求。假如要在中環投資寫字樓，與其慢慢等有賣家願意出貨，倒不如投資在雄據中環的收租股。中環樓價上升，淨資產值亦會隨之上升，理論上會帶動股價。

另外，機構投資者每季或每年都會再平衡投資組合，換馬的款項可能不多，不足以買賣一幢物業。因此，機構投資者如果有投資房託，則可加減投資到房託的資金，亦能完成換馬。所以機構投資者往往會將兩三成的地產資金，投資到房託板塊。

惟一旦將房託列入地產投資，則會發現房託的價格走勢經常會領先當地的地產市道。這可能源於房託換馬速度遠較全幢交易為快。我自己的經驗是全幢交易的朋友其實都是看到同一套數據和分析，大家對後市的看法往往很接近。只是房託換馬，再大手的交易亦可在一兩周內完成。但是全幢交易的話，單單是成交期就幾個月。要真的換馬，也許需時一年。因此，房託股價變化往往更快地反映了地產投資者的整體看法。

至於地產債券，樓市升得再快也不會增加債券持有人的回報，所以債券回報及不上直接持有資產。相反亦然，在樓市下跌的時候，只要債券發行商的現金流不出問題，債券投資者亦可收到利息。假如願意長揸至到期日，樓市下跌亦不會影響債主的收入。

現金收入是機構投資者長期投資地產的主因之一。尤其在市況不穩的時候，資產價格波幅變大，現金收入提供了應變機會。假如投資者有實際支出，例如退休基金需要定時派發退休金，現金收入可避免投資者在低位被迫出貨。就算沒有實際支出，現金收入亦容許投資者在低位入市，製造更高的回報。

在正式發行的地產債券之外，機構投資者亦會考慮私募地產債。地產資產有價有市，所以不上市的地產債一樣有市場，而且往往因為流通量低，比同級資產的上市債券有更高利息。既然這些投資者本來就會分析全幢物業，那麼再加入考慮私募債亦不難，所以就形成了另一個市場。

房託發行綠色債券

最近和客戶討論商用地產新發展，談到了有好幾間機構投資者在最近兩三年都投資了澳洲的學生宿舍。純商業原因是當地留學生眾多，加上銀行改例，改變了融資環境，因而出現了投資機會。但是另一重原因，是學生宿舍屬於有利社會的投資，令機構投資者可以將之納入社會責任報告書。

投資時兼顧社會責任，其實都有上百年歷史。最早是部分基督教會逐漸累積善款出現盈餘，於是就想到投資生利。但是因為善款是「主的金錢」，所以不能亂投教會眼中的壞行業。到了現代，主要就是教會基金拒絕投資黃賭毒和煙酒相關股票。

我認識一位本地薑的老前輩，就說過近20年其實煙酒股的回報不低，所以他旗下的教會基金帳戶，每年總回報都比其他帳戶低。因此他每年向教會基金述職，都會有一張圖表，列出教會不買煙酒股所損失的回報。老前輩亦明白教會取態並非單純的金錢回報，所以他並非想要改變教會的限制。

除了避開壞行業之外，社會責任投資亦會投資有利人類發展的新行業。新科技由實驗室走到商業社會，一開始生產成本太高，需求疲弱，就很難刺激供應，成本就不會下降，因而變成了雞和雞蛋的問題。像10年前，太陽能電板成本太高，很難將之商業化。歐美政府提供了補貼之後，部分機構投資者就鼓吹綠色投

資，將願意納入環保科技的企業或項目分開審核，資金成本或會較低。

領展幾年前做了一份綠色債券，就將融資所得的資金投資到九龍東的LEED白金級寫字樓項目上面。雖然領展的項目沒有使用太陽能電板，但是境外不少項目卻因為類似的融資方案而採用了太陽能電板。這製造了第一波的電板需求，令太陽能電板行業得以發展，之後才會有今天價格大跌，有望取代煤電的新常態。

煙酒、綠能之外，責任投資有時亦會觸及平權和剝削勞工等議題。曾有國際品牌被揭發僱用童工，結果機構投資者沽盤，消費者又加入杯葛，資本市場和消費市場同時發功，就成功迫使品牌道歉和改變策略。「君子愛財，取之有道」出自論語。賺錢不忘公義，本來就是中外共識。

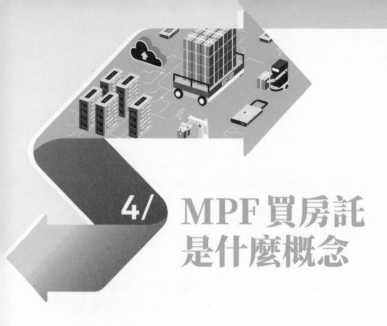

4/ MPF 買房託
是什麼概念

過去幾年一直有行業組織和行內高層為房託發聲，希望香港法律能盡量鼓勵房託發展。其中一個倡議，是容許市民透過強積金供款購買房託。這個倡議也許是借鑑了澳洲的經驗。澳洲的退休金制度是在1970年改革而成，到了2020年9月，整個制度的總規模達到了2.6萬億澳元，以澳洲有2,500萬人口計算，人均資產超過10萬澳元，運作非常良好。

地產投資佔了澳洲強積金約一成的投資

澳洲的強積金（正式名稱是Superannuation）制度是當地在1970年代改革原來的退休金制度而成。改制前，退休金是不少僱主的責任，本來就有基金和投資團隊。因此改制後，這些僱主基金就變成了員工透過強積金戶口所持有的特殊基金。因為僱主和員工需按政府規定，將工資一部分供入員工戶口，因此有點像

香港的強積金制度，所以在本節我們就簡單一點，將制度稱之為「澳洲強積金」。

後來經過包括「資金自由行」等幾次改革，「澳洲強積金」制度亦發展到容許戶口持有人自行選擇投資。在2020年9月，「澳洲強積金」的總資產約為2.6萬億澳元，其中有7,540億澳元是個人強積金，約佔總額三成。

其餘七成統稱為機構強積金，有點像香港現行的平衡基金，由專業基金經理代為投資到不同的資產類別之中，或各類專項基金。現時這些基金不一定再是由僱主所成立的退休基金，不少亦是金融機構開設的基金。所以研究「澳洲強積金」，應該同時觀察機構和個人投資者的選擇，才能更好掌握當地的資金流向。

澳洲個人及機構強積金的投資比重

資產類別	機構強積金		個人強積金	
	金額 （10億澳元）	%	金額 （10億澳元）	%
現金	221	12	37	5
澳洲定息 （債務產品）	228	12	92	12
國際定息 （債務產品）	159	9	54	7
澳洲股市	387	21	153	21
上市地產 （房託）	50	3	14	2
非上市地產	101	5	55	7
國際股市	461	25	215	29
基建	112	6	64	9

對沖基金	22	1	0	0
非上市股權	78	4	43	6
其他	32	2	20	3
總額	**1,856**	**100**	**754**	**100**

數據為2020年9月數字
來源：https：//www.superannuation.asn.au/resources/superannuation-statistics

根據當地行業組織的報告，無論是機構還是個人強積金，都有約
1成的資金分配到地產。加上基建的話，機構投資者有14%的資
金投在實體資產上面，個人投資者則有18%。地產以外，澳洲
和國際股市的比重是約五成，債務產品則是約兩成。剩下來的，
不計現金的其他資產，佔了不到一成的比重。

而在地產配置之中，無論是機構還是個人投資者都有2%至3%
是直接投資到「上市地產」，亦即地產股。當地的地產股，佔了
8成以上都是房託，因此這2%至3%基本上都是房託。

現金、升值 各取所需

強積金制度的稅負，一般分為帳戶內和帳戶外兩邊。強積金帳戶內的資金，無論賺蝕都不需要繳稅，但到了帳戶主人在帳戶提款，則會將提走的金額看成當年的可課稅收入。這個制度的立法原意是藏富於民，讓民眾保留更多的資金去投資。

到了民眾退休之後，這個制度亦不鼓勵他們一次提取所有資金。假如戶主每年只提取生活所需的資金，金額較少稅負就低，而餘額則繼續在強積金帳戶內產生回報。尤其在強積金帳戶外有積蓄的中產和中上階層，更可能因為提取的金額少，到最後稅負接近零。

因此，像上面一類的宏觀數字，必須考慮制度裏面同時有處於不同人生階段的民眾。「澳洲強積金」在1970年代開始，第一甚至第二代員工都已經退休。但因為整個稅制鼓勵民眾盡量將資金留在帳戶裏，所以應該有不少退休會員應該仍有不少資金留在制度裏。

地產和基建的特點是派息穩定，像本書前面所述，就算在危機之中仍然派出現金，就很適合退休人士持有。所以整個制度有一成的資金在地產，也許就反映了退休會員的現金需求。不過，年輕一輩亦會投資地產，就可能是因為地產長期升值，能分散整個投資組合的風險。

香港退休制度仍在演化

當然，香港借鑑其他地方的制度，也應留意我們的獨特情況。香港稅制最特殊的地方是沒有資本增值稅，加上薪俸稅率相對較低，因此強積金「借稅投資」的概念相對較弱。不過，觀乎每次香港發行 iBond 或銀髮債券，都錄得幾倍的超額認購，就佐證了香港的確欠缺派發現金的資產板塊。

因此，在強積金內加入房託或其他地產基金，增加強積金帳戶生產現金的能力，也許就更能吸引投資者將資金留在帳戶之內，增加整個制度的穩定性。

後記

大變市下的資產分配

每逢年底發表明年度展望,乃是投行和基金界的傳統習俗。但是過去兩年都因為及後所發生的不可預測事件,令年度展望所提出的預測都沒有太大的意義。所以 2020 年底發表的預測之中,大家都「戴了頭盔」,出來的數字未必特別保守,但都會列明這些預測背後假設了一定的常態,假如再有突發事件,可以連續 3 年展望落空。

不過,合理地降低對展望的信任並非壞事,以前有云「能知一日價,富貴千萬年」,就算再小的價差,假如能事前知道,當然可以大量入貨,風險管理也沒有意義。實際上,自從 1990 年代初起,一方面是全球一體化,一方面是電腦科技大躍進,無論是經濟或個人生活都大幅改善。就算是經濟數據一直不理想的已發展經濟體,30 年前也沒有全民上網,一人一手機的生活。

亞洲的幾個大經濟體,過去幾十年更加同時經歷了工業化和資訊

化，經濟大幅改善。因此投資者愈進取，整體投資成績愈理想。反而保守的投資者縱然沒有虧本，卻幾乎必定跑輸大市。久而久之，和投資者見面，談太多風險管理就變成了象牙塔式的理論。

所以這兩年地緣政治、社會事件以及肺炎疫情接踵而來，也許是個契機，重新審視風險管理。《與天為敵：人類戰勝風險的傳奇故事》討論了風險管理過程如何形成，封面就是一艘在大海航行的木製貿易船，就是因為航海家是最初的風險管理者。

當時的遠洋貿易利潤雖然很高，但是每次貿易船出海，都有四分之一機會回不了家鄉。因此，航海家以及他們背後的投資者在尋找利潤的同時，亦需建立有效的運作模式。現代金融非常熟識的觀念，部分就源於他們的風險管理。

例如，出海的成本非常昂貴，由貿易船的建造成本，到船員的工資和使費，到貿易所需的資金都不低。因此，集資便是船長出海的第一道難題。股份制公司，以投資額決定帶有決定權的股權，

雛形就是這些遠洋貿易船。

大航海時代發生在工業革命之前，手握巨額資金的往往就是大大
小小的貴族領主。他們或者有興趣賺錢，但卻沒有心力去親自航
海。因此他們就只能交出艦隊的管理權，相信船長能為他們賺
錢，現代的專業管理人制度也就誕生了。

當然，沒有制衡的話，就總有船長會變質成為騙子。於是靠航海
的歐洲經濟體又發展了合約制度，乃至不談犯法，只論公平的民
事訴訟模式，以保障出資的貴族們。海員不一定有家室，又不想
將整份身家帶上船，就只好將身家化為金幣，記存在銀號裏。意
大利的銀號，及後就演化成銀行業。

後來又有一群人，專門在海港城市的酒吧裏兜客，在貿易船出海
前簽下合約。假如船隻不能回港，則會代船員將一筆錢滙給事前
指定的受益人。這當然就是保險業的源頭了。

由此可見，銀行、保險、專業管理等幾個金融相關行業，或多或少都源於航海風險。反而是當年的航海者，懂得正視風險，才會發展出這些配套，在尋找利潤之餘，管理好風險。到了現代，也許看到非傳統的因素影響愈來愈大，但首先亦需承認風險所在，繼而找出應變方法。

變局更顯投資實力的重要

2020 年初，有舊學生找我吃飯，他們當時都是畢業了不到 3 年，2008 年金融海嘯時候都只有十來歲，從未見到像今次的大跌市。席間，我們討論到不少大型股票的股價都在資產估值一半左右，當時入市的話，一兩年後的回報應該不錯。可是投資時必須有心理準備，市況或仍會波動及有進一步賬面損失。

新冠肺炎疫情來襲下，畢非德首先是在 2020 年 3 月初大手購買達美航空。有傳媒就曾分析，自從月初「低位入市」後，連同原有倉位，畢非德的賬面損失曾達 800 億美元，所以那個時候，我

們一眾散戶帳面都可能跑贏了畢非德。

由於疫情持續，畢非德最終賣走了航空股。但要留意的是，畢非德這一類的保守投資者基本上不借貸投資，完全以自己實力行事，就有能力承受賬面損失。他曾有名言說：不需要等到谷底才進場，因為反正在股災之中，買到的都是比公允價值便宜的股票。當然，正因為畢非德可以持倉，承受巨額損失，所以他才可以多次「撈底」等反彈，轉虧為盈。

最終跌浪未必可以等到

雖說按照傳統理論，在熊市之中，每個跌浪都會吸引投資者注入現金。到了最後一浪，市面上已經再沒有持有現金的投資者之後，才會有最後一轉暴跌，熊市才會告終。這個說法有它的道理，所以適宜分注入市，避免在第一個浪底就用盡資金。

但是，真正谷底出現之時，市場氣氛通常非常慘淡，覺得整個經

濟制度都瀕臨崩潰。因為若非如此，市場早就反彈回升了。換句話說，處身真正谷底的時候，大家都未必能夠察覺。希冀找到單一谷底，就像年輕人希望找到完美結婚對象一樣，有機會因為等待而錯過良配。

好幾年前，在某場分析師會議之中，有城中富豪分析市況的時候，就將投資者分成了兩類。他將自有資金充足，可以不靠金融產品所提供的槓桿都能夠收購全幢大廈者，稱之為「實力投資者」。每次金融危機之中都有拆倉潮，原來主導交易的槓桿投資者都因為補倉或斬倉，實力大減，因此未必可以即時復元。實力投資者在這類市況反而有能力逐步入市，建立好倉，靜待市場轉勢。

其實這個道理很簡單，賭仔有謂「有賭未為輸」。試想，賭大小可以選擇這一局不算數，要求荷官再搖骰，直至自己滿意才計數。以實力持倉，就沒有夾倉的壓力，再輸亦不會輸至破產，主動權就在己方。只要持有的是業務穩健的大型股票，破產風險較

少，持倉信心就大增。若股票能生息，更享受了高股息率，再增加了現金流，這樣就可以叫「市場先生」每天搖骰，直到有一天開中自己的選擇。

作　　者	楊書健
編　　輯	劉在名
設　　計	Garfield Tseng
出版經理	李海潮、關詠賢
圖　　片	Shutterstock、信報資料室
圖　　表	安泓投資有限公司

出　　版	信報出版社有限公司　HKEJ Publishing Limited
	香港九龍觀塘勵業街11號聯僑廣場地下
電　　話	（852）2856 7567
傳　　真	（852）2579 1912
電　　郵	books@hkej.com

發　　行	春華發行代理有限公司 Spring Sino Limited
	香港九龍觀塘海濱道171號申新証券大廈8樓
電　　話	（852）2775 0388
傳　　真	（852）2690 3898
電　　郵	admin@springsino.com.hk

	台灣地區總經銷商
	永盈出版行銷有限公司
	台灣新北市新店區中正路499號4樓
電　　話	（886）2 2218 0701
傳　　真	（886）2 2218 0704

承　　印	美雅印刷製本有限公司
	香港九龍觀塘榮業街6號海濱工業大廈4樓A室

出版日期	2021年3月　初版

國際書號	978-988-75277-0-1
定　　價	港幣 168 ／ 新台幣 750
圖書分類	投資理財

作者及出版社已盡力確保所刊載的資料正確無誤，惟資料只供參考用途。
對於任何援引資料作出投資而引致的損失，作者及出版社概不負責。

©HKEJ Publishing Limited
Published and Printed in Hong Kong
版權所有　翻印必究　All Rights Reserved